JN165251

PORTRAIT in 80's PART 1

◉

写真提供：村上“ポンタ”秀一

リズム＆ドラム・マガジン［P004-005, P008, P012-016：菊地英二／P009-010：松村秀雄］

80年代、多忙を極めたレコーディングの８割以上で使用された、特注のスチール・シェルのドラムセット。キックだけは大口径の鋳型がないためファイバーグラスのFXを使用している。サイズは22"×18"BD、10"×6.5"TT、12"×10"TT、13"×11"TT、14"×12"TT、16"×16"FT。写真のスネアは14"×3.5インチのフリーフローティング・ブラスだが、レコーディングで最も多い組み合わせは、このスチール・セットと14"×5"のフリーフローティング・コパーだった。

ポンタ＋神谷重徳で“ロック編”、“タイト編”、“ジャングル編”、そして“ビョーキ編”という4タイトルが制作されたシリーズ作品『Rhythm Ware』の貴重なレコーディング風景。場所はWha-ha-haのレコーディングでも使用された神谷STUDIOの1階。

左からローランドMC-4、オーバーハイムDMX、Roland TR-808。

ローランドMC-8。

神谷STUDIO2階。三方向の壁がこの状態だったという。

“はにわ”や“オレカマ軍団”などで使用された通称“土管タム・セット”。右写真の左から、6”×8”、8”×14”、8”×10”、8”×8”、10”×8”。スネアは超深胴の14”×12”で、その左には22”シンバルを重ねてハイハットにしている（セッティングは一例）。

4 | 1 / 2
3

1. 当時の名物アシスタントが制作した、ボトムヘッドとスナッピーだけの通称“1枚スネア”。
2. 芸術家・浜田剛爾とのコラボレーションなどで使用された鉄板。1枚25kg。
3. 86年当時『リズム&ドラム・マガジン』の楽器撮影に持ち込まれたポンタの楽器。
4. MOBOなどで、スネアのシェルだけを楽器として使用。

オレカマ軍団。左から仙波清彦、横澤龍太郎、れいち、青山純、ポンタ。

70年代から切磋琢磨したスティーヴ・ガッド。写真はニューヨーク・オールスターズ来日時のもの。

角松敏生のライヴ控え室にて。左からポンタ、石川雅春、青木智仁、角松敏生。

角松敏生をはじめ、さまざまな活動を共にした青木智仁と。

MOBOIIIや加古隆トリオ、佐山雅弘とのT5トリオ、さらにEPOバンドでも使用していた、キックまでロートタムのセット。

佐山雅弘のレコーディングにて。

フリーフローティング・コパー14"×6.5"のスネアと、スチール・セットのキック（FX）、
12"の小口径ハイハットでレコーディング。

85年7月20〜21日にかけて前衛芸術家・浜田剛爾と行なったパフォーマンスでのセッティング。
ドラムセットだけでも奇抜だが、ティンパニやエレドラ、鉄板、壺、石琴のようなものまで総動員。

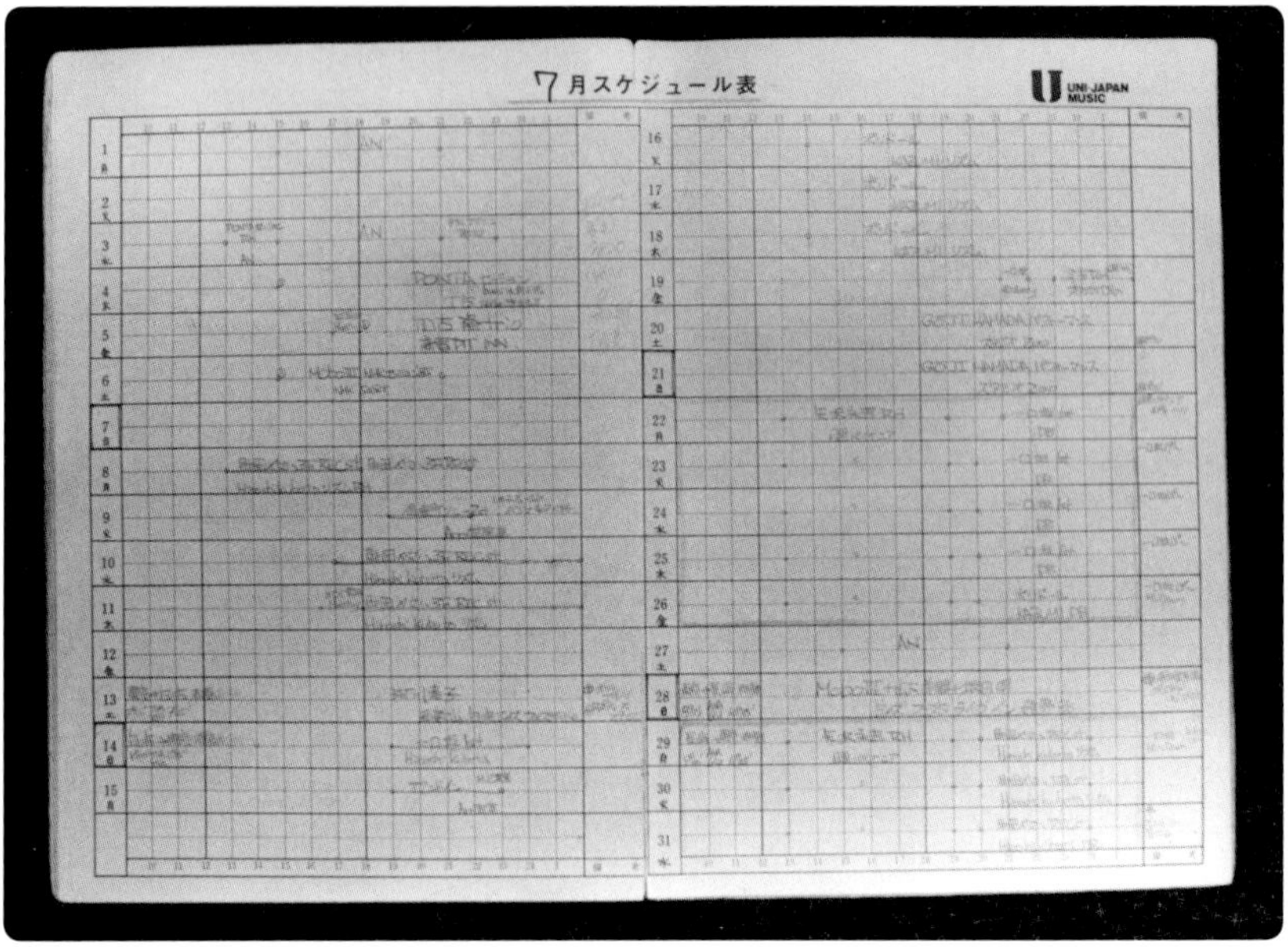

多忙を極めた80年代。写真は85年7月のスケジュール表だが、詳細は以下のとおり。
[**1**日] AN（アン・ミュージックスクール）　[**3**日] AN／PONTAセッション・リハーサル／ドラム・マガジン取材
[**4**日] PONTAセッション　[**5**日] 加古隆トリオ at 新宿ピットイン
[**6**日] MOBO III NHK セッション'85 at NHK 505st.
[**8**、**10**、**11**日] 窪田宏リハーサル（リズム） at 財団ヤマハ 3F REC st.
（※ポンタが共同プロデュースを務めた『Fine Weather』関連）
[**9**日] 信濃町ソニー レコーディング（arr. 佐藤準）　[**13**日] 阿川泰子 和歌山・白浜ジャズ・フェスティバル
[**14**日] 窪田宏 一口坂st.　[**15**日] サウンドイン（arr. 不明）　[**16**〜**18**日] KAZUMI at ポリドール（リズム）
[**20**〜**21**日] 浜田剛爾パフォーマンス at スタジオ200　[**22**〜**25**日] 矢沢永吉リハーサル at 一口坂st.
[**26**日] KAZUMI at ポリドール（ダビング）　[**27**日] AN
[**28**日] MOBO III＋山下洋輔＋坂田明（ジャズ・フェスタ・ライヴ・イン姫野'85）
[**29**〜**31**日]（昼帯）矢沢永吉リハーサル at 目黒パイオニア（夜帯）窪田宏レコーディング（リズム）at 目黒ヤマハ
8月以降は、上旬から矢沢永吉リハーサルがスタートし、
8月14日〜10月31日まで『矢沢永吉ツアー"TAKE IT TIME '85"』へ……。

85〜6年頃、矢沢永吉のツアーで使用したセットをバックに。
24"×20"BD、12"×8"TT、14"×10"TT、16"×16"FT、18"×16"FTでハイハットは15"と、
全体的にひと回り大きいサイズに。スネアはフリーフローティング・コパー14"×5"、もしくはブラス14"×3.5"。

続・俺が叩いた。

ポンタ、80年代名盤を語る

まえがき

前作『俺が叩いた。ポンタ、70年代名盤を語る』は、おかげさまでたいへんな好評をいただき重版にまでこぎつけることができた。発売以降、トーク・イベントやポンタさんのライヴへと赴くたびに、物販で実際にお求めいただいた方々ひとりひとりを前に、感謝の念が湧き起こるとともに、ポンタさんと僕の中だけにあった喫茶店話が、世界に飛び立っていくことを実感した。

まさにそのことを実感したのは、非常にたくさんの読者の方からいただいた「ぜひ続編を！」との声だった。実際、前作の最後の一文は、ポンタさんの「イチイチ挙げ出したらホントにキリがないから、その話はまた『続編』で。」で終わっているが、みなさんがこの最終ページ最終行の〝続編〟

という言葉にまで目を通してくれているのだと、あらためて喜びを感じるとともに、僕は続編へのモチベーションを確かに整えていった。

しかし一方で、後ずさりしようとする自分がいたのも確かだ。なぜならポンタさんのこんな言葉が気になっていたからだ……

「80年代はたいへんだぞ〜！　もう活動も記憶もグッチャグチャだから」。

実は「その話はまた『続編』で。」には続きがあったのだ。前作の最後にポンタさんが言ったのは、正確にはこの言葉だった。

これまで十数年にわたる取材を通して、特に80年代は、イチイチ挙げてもらったらキリがないことはわかっていたが、実際、本書の企画内容を具体的に煮詰めていく段になって、周辺関連作品に辿り着いては取り寄せて聴き、宝探しのように資料を探し当て読み進めるにつれて、ますますポンタさんのあの言葉が、呪文のように僕の行く手を阻んでいった。

70年代終盤からのＹＭＯ旋風に煽られ、80年代は、当時小学生だった僕のような無意識なリスナーの耳にもＭＣ-8やリンドラムの音が一般的になり、〝生ドラマー〟の特徴である肉体性は音楽の中で減退し、時にその生命線でもある〝ビート〟が切り刻まれもした。そんな70年代から80年代への急速な変わり目に1年間〝一回休み〟を経験した人が、休み明けに、かつての盟友がワールドヒットを飛ばしている80年代初期の音楽シーンにどんな楔を打つべく舞い戻ってきたのか……そこを紐解くことに時間を費やしてしまったのだが、そこには、70年代とはまったく違う人的・音的・楽器的交流があり、その〝キーマン〟にようやくたどり着くことができた。

そのトップ・バッターがWha-ha-haだ。ここがなんともポンタさんらしく、エレクトロニックを駆使したインテリジェンスと狂気と笑いとメンバー各々の確かなバックグラウンドがごちゃまぜになったサウンドは、まさにポンタさんそのものとも言える活動だった。そして次なるキーマンたちは山下洋輔さんと仙波清彦さんだ。彼らとの活動には70年代を実験開拓した〝生ドラマー〟だからこそ見えた、ベクトルの違う〝その先〟があったのではないかと思う。だからこそポンタさんはその先へと〝旅〟に出たのだ。

「もう飽き飽きしてたから、もっと違うアプローチがあるはずだって模索してた」とは、それを象徴する言葉だろう。シックスティーン・ビートを自在に操るドラマーとして、70年代にまさにシックスティーン・ビートのように颯爽とシーンに現われたポンタさんだが、ご自身はむしろ、その出自にまったく拘泥《こうでい》せず、自らを解き放って見事なまでに多くのジャンルとの邂逅《かいこう》を通して、〝別次元のフリー・インプロヴァイズ〟や〝邦楽を基盤にした打楽器オーケストレーション〟〝AOR〟〝バラ録り〟〝溶け込むような歌モノの世界〟〝おっさん骨太ロック・バンド〟などなど、80年代をさまざまな方向にブレイクスルーしていく。

続編は、ポンタさんのそんな各種ブレイクスルーの代表作品を1枚ずつ取り上げたものだ。膨大なレコーディング数を考えれば「このアルバムがあるなら、なぜあのアルバムがない？」とお思いになられるのも当然。その分、1枚1枚の奥に広がっている豊饒な世界を時間の許す限り詳細に話していただいたつもりだが、痒いところに手が届いていないとしたら、僕の勉強不足とご容赦願いたい。

ブレイクスルーのキーマンとともにポンタさんが見事に泳ぎ抜いた80年代を、みなさんもアルバムを聴きながら追体験していただきたい。

2018年2月吉日

村田誠二

続・俺が叩いた。
ポンタ、80年代名盤を語る

目　次

装丁◉阿部　修（G-Co.）
カバー写真◉菊地英二

序章

概観：ポンタの80年代

スタジオ・ミュージシャンにとっての80年代
～バックは〝バック〟になった～

——よく〝ディケイド〟と言いますが、ポピュラー音楽界は世界的に、60年代、70年代、80年代、90年代と、その年代ごとに見事に潮流が変わっていきましたし、実際、私もこの日本で80年代以降の〝ディケイド〟ごとの変化を実感してきました。ポンタさんを取り巻く80年代って、前作『俺が叩いた。』で取り上げた70年代の活動から劇的に変化していった時期だと思うんです。まさにその真っ只中にいたポンタさんから見て、80年代の音楽界はどういう点が大きく変わったと実感していますか？

〝バック〟だね。70年代はバックをいっぱいやってきたけど、実は〝バック〟という在り方じゃなくて、みんなが対等で、いわゆるバックがリーダーシップをとってることもあった。でも80年代に入ったら、圧倒的にバックは〝バック〟になった。今度は「ドラマーとしてメインのヤツをどれだけ光らせるか」ってことにどんどんいくようになったよね。台本をもらって演技をするかのような。で、メインのアーティストも、ほとんどのヤツが〝自分のバックバンド〟を探してたんじゃないかな？　そこで俺は、単に〝そつなくこなす器用なスタジオ・ミュージシャン〟じゃなくて、〝今までに想像しなかった組み合わせだけど、ポンタとやってみたい〟って理由で呼ばれることが多かったと思う。矢沢永吉しかり、（井上）陽水さんしかり、泉谷（しげる）しかり、沢田（研二）さんしかり。ドリカム（DREAMS COME TRUE）だってそうだったと思う。

それというのも、80年代って、ライヴの規模が変わって動員数が多いハコでやるのが普通みたいな感覚が定着しつつあった時期で、バッキング・ミュージシャンとしては、レコーディングっていう場よりもライヴの比重がどんどん大きくなっていったからだよね。これまで（日本）武道館が華だったのが、東京ドームなんてものができて、武道館ですら〝大きいライヴハウス〟みたいな感覚になっていったしね。70年代は、やっぱりレコーディング・ミュージシャンがメインだから、ライヴは80年代以降に比べれば少ないわけで、ピットインとか日比谷の野音（野外大音楽堂）がメインで、大きいっていっても、せいぜい（新宿）厚生年金（会館）の大ホールとか3000人クラスだった。ユーミン（松任谷由実）なんかが大きめのホール使って派手なステージをやり始めて、それでさえ珍しかったのに、代々木第一体育館を使うヤツもいて、ましてや80年代終わりになったら東京ドームだなんて、バカなんじゃないかと思ったよ。代々木体育館もやったけど、音がボワンボワンだからね。そういうふうに、どんどん規模が大きくなっていったってことはすごく感じてた。

――当然、サウンド面でも80年代は大きく変わっていった？

だから音質とか、どんどん関係なくなっていくんだよね。ある種、視覚重視。舞台装置も、他のヤツと同じことできないから、どんどん海外の最先端のものを導入してさ。やっぱり先駆者はユーミンなんじゃないかな。ステージに象を上げたりしてたのも最初はユーミンだしね。

——70年代には新たなシーンを創造し、牽引して、70年代終盤にはカクトウギ・セッションやKYLYNでの活動など、音楽家としてピークを迎えていた1979年後半から、ちょうど1年間、ポンタさんは〝1回休み〟に入りました。そして1980年、休み明けには、前年まで活動を共にしていた仲間がYMOとして海外進出を果たし、一大ブームを巻き起こしていましたね。

俺は、KYLYNが終わってイエロー（YMO）はもう動き出してたところで〝別荘〟に行ったんだ。ちょうど小原（礼）がロサンゼルスに行くのと同じタイミングで、加藤和彦さんと（高橋）幸宏が、寿司屋の2階を貸し切ってくれて俺と小原の送別会をやってくれてね。翌年、別荘から帰ってきたときには、YMOは2回目のワールドツアー[註1]の頃だったと思う。（渡辺）香津美じゃなくて（大村）憲司がサポートで入ってる頃だよね。

——ポンタさんは、深町純さんとの『驚異のパーカッション・サウンド!!～Introducing ポンタ村上』（76年）で、初期のシーケンサーを使ったレコーディングなどをいち早く経験されているわけですが、

80年を迎える頃には新たな電子機器／楽器も開発され、メジャー、ポップスの舞台で音楽の電子化が進んでいたのをますます感じたのではないですか？

　でもね、そもそもは（坂本）龍一の『千のナイフ』（78年）にはもうイエローの片鱗が完璧に見えてて、紀伊国屋ホールでやった大きなイベント[註2]（アルファ・フュージョン・フェスティバル／78年12月3〜10日）のときにはもう形になってたし、カクトウギ・バンドでもレゲエをテクノ風にしたりとか、そういう動きはもっと早くからあったよ。KYLYNとかカクトウギ・バンドは、その界隈《かいわい》の連中が集まった形だけど、その中でどんどん各々の方向性が固まっていったんじゃないかとも思ってる。電子楽器はもちろんだけど、この当時重要なのはロンドンのニューウェイヴの影響で、香津美は、KYLYNの流れで自然にイエローに入ったと思うけど、香津美がちょっと違う方向へ行きたいとなったら、あとは憲司しかいなかったんじゃない？　もちろん憲司が以前のままクラプトン、クラプトンって言ってたらイエローには入ってないと思うけど、当時は、どんどんロンドン寄り、ニューウェイヴ寄りになってたからね。俺も憲司の影響でヒューマン・リーグだJAPANだブライアン・フェリーだってかなり聴き倒した。特にブライアン・フェリーについては、ロキシー・ミュージックの『アヴァロン』（82年）なんて好きだったよ。

――ロンドンのニューウェイヴは、ポンタさんの耳にも自然に入ってくる音楽だったんですか？

俺の周りが好きだったからね。加藤和彦さんしかり、幸宏しかり。

――80年代に入っても、やはり加藤和彦さんの影響というのは大きいんですね。音楽はもちろん、ファッションでも、海外の〝本物〟を日本に持ってくるのがとにかく早い方で、いろんな面でキーマンになっていたという話を多数のミュージシャンから聞きました。

俺たち世代のミュージシャンにとっては兄貴的な存在で、けっこう根強い影響があったと思う。当然音楽的にもかなり広くて、それまで日本に出回ってなかったものを持ってくるのも早かったけど、絶対に〝そのまんま〟はやらないの。まんまじゃなくて〝要素〟として取り入れるのがものすごくうまかった人だよね。だからこそ、その直系じゃないミュージシャンを使ってたし、それが面白い音楽を生み出してたんだと思う。今回詳しく話すけど（125ページ）、TAN TANの『はるみのムーンライトセレナーデ』（82年）のマイアミのディスコ・サウンドだってトノバン（加藤の愛称）のプロデュースだしね。その頃、当然アナログ（録音）だから、テープを一番速い回転にしておいてシンバル叩いて、テープを元の回転数に戻すとオクターブくらい下の〝グワァ〜〜ン〟っていう、銅鑼も敵わない音にしたり（笑）、そういうことをトノバンとよくやったもん。それに、レゲエをレコーディングしたのもトノバンはかなり早かったしね。幸宏はその頃のスタッフだったから、当然すごく影響を受けてるはずだよ。もちろん〝ファッション〟面でもね。イエローの衣装は幸宏のデザインだから。

――ただポンタさんは、音楽シーンが蠢《うごめ》いているこの時期、1年間の別荘暮らしの間はあらゆる音楽を断《た》っていたそうですね。

うん。中途半端は嫌なんだ。差し入れで音楽関係のものは何でも手に入れられたんだけど、いっさい断《た》ってた。俺、外国に行ったらその土地のものしか食べないんだけど、やっぱり「郷に入っては郷に従え」でさ、意図的に音楽を遠ざけていたというより、〝別荘暮らし〟を徹底してたってこと。だって、金払っても見られない世界だから。医療刑務所って、つまり病院だからさ、特に腎臓が悪くて透析を受けに来る患者ばっかりなんだけど――だから食事の減塩の計算なんかすごかったよ――、透析って5〜6時間かかるのが普通だから、ベッドの競争率が高くて、結局俺がいる間に28人も看取ったよ。そんな場所でも、入ってすぐ部屋長になったり、そんなところはずっとついて回る性分なんだな。

――精神的高揚のためにドラッグを常用して、人生を狂わせもしながら名演も残した名ミュージシャンがたくさんいるわけですが……。

要は知りたかったんだよ……マイルスだったら、酒の時代、コカインの時代、ヘロインの時代……ジミヘンだったら、LSDの時代、ヘロインの時代、クラプトンだったら、酒、マリファナ、コカイン……って、それぞれの時代の音楽を、こっちも同じものを摂取して必死になって聴くわけ。

——彼らを追体験すると。

そうそう、アイツら、クスリが変わると音楽が明らかに変わるから、それがどういう感じなのか少しでも知りたいって、本当にそういう純粋な気持ちだった。だから不純物には絶対に手を出さなかったし、絶対に注射はしない、そういう意識はちゃんとあった。で、死ぬほど体験したら「次行くぞ」って、そういう使い方をしてたから中毒の後遺症にもならなかったし、すっぱりやめられたんだよ。

俺、思うけど、ヘタに罪悪感がありつつヤるヤツは、ヘンに猜疑心を持ったりするんだよ。〝ケミカル〟は絶対に猜疑心が出てくるんだ。そういうヤツを見ていたから、俺は絶対にやらなかった。あと、国内でヤるのは良くなかったね……どこかに後ろめたさが絶対にあって、猜疑心ってその〝後ろめたさ〟が無意識に膨らんだみたいなもんだから。俺は好きなようにヤったけど、やっぱり向こうでだよ。モノが全然違うし。ニューヨークで最高のpusher、売人は、ジャコ（パストリアス）のマネージャーだから。コイツが楽屋に入ってくるとみんなが拍手するんだけど、俺はこんなミュージシャン見たこともないわけ。それが〝最高のモノを運んで来た！〟っていう拍手だったってことにしばらく気づかなくて（笑）、「向こうではアーティストのマネージャーってこんなに人気があるんだな」って思ってたんだよ。「よっぽどデキるヤツなんだな……確かにジャコのマネージャーだからなぁ」ってホントに思ってた。

――別荘生活は、人生観が変わる出来事だったんですね。

やっぱり、普段これだけの喧騒の中で生活していると鈍る感覚が、少し野生に戻ったっていうか、ただでさえ俺は他のヤツより野生寄りだから、より五感が研ぎ澄まされたというかね。だって「あ、地震くる！」とかわかるし、風の匂いで雨が降るとかけっこうわかったもんね（笑）。

中にいたのはトータルで４４０日以上。で、出てきたその日に、それこそ中央フリーウェイで、ユーミンを歌いながら帰って（笑）、その足でピットインに行って〝吉田美奈子ｗｉｔｈ松木恒秀バンド〟のライヴに飛び入りして、４４０日ぶりにドラムを叩いたんだよ。前の本でも話したけど、松木さんに「あのときのプレイが一番良かった」って、この間、What is HIP?[註3]のライヴのときにも言われたもんね。

――それこそ、19歳のときの練習法じゃありませんが、スティックを持って練習したかどうかという範疇を超えた逸話ですよね。

俺は絶対そうだと思うし、逆にこの日に叩いたことで自信持ったよ。

ポンタを変えた山下洋輔と仙波清彦

――そもそも、70年代からポンタさんは電子楽器への抵抗がありませんでしたね。

それはやっぱり深町とあーでもないこーでもないってやったことが大きいんじゃないかな。あとは松武（秀樹）だよね。70年代からあっこちゃん（矢野顕子）と組んで、当時〝ダンス〟って言われてたモーグ（ⅢC）を使ってたのを当たり前のように見てたから。俺が、あっこちゃんのツアー（〝また会おうね〟ツアー／81年4月〜）に参加したのは、それこそイエローが終わった後だけど、当時あっこちゃんは龍一とテクノっぽいサウンドを取り入れてアルバムを作ってる時代で、俺はほとんど生ドラムにパッドを組み込んでたんだけど、パッドがタムみたいなデカさでさ、一番よく覚えてるのが日比谷の野音で「行け、柳田」[註4]の〝カキーン〟ってホームランの音のとき、パッドを叩いたら〝ポク…〟しか言わない（笑）。いや、当時はまだそれくらいの機械だったんだよ。「青い山脈」[註5]は、このとき龍一とあっこちゃんと3人でやったのが初演で、のちに俺の25周年のとき[註6]に、山下洋輔さんと3人でやったから龍一がスネたわけよ（笑）。

――（笑）。その山下洋輔さんとは、一回休みの前には知り合っていて、休み直後から活動がスタートしますが、山下さんこそが、80年代以降のポンタさんにとってキーマンのひとりになるのではないでしょうか？

俺にとって山下さんとの出逢いは大きいよ。山下洋輔さんとの〝勝手、自由なインプロヴィゼーション〟、その在り方ってものに「こういう世界があるんだな」って思い知らされた。それこそが、つまり〝対話〟なんだよね。そういう意味で、山下さんには〝耳〟と〝頭〟をものすごく鍛えられた。例えば、古典落語を曲にしてしまったり（「寿限無」）、長い人名を曲にしてしまったりね（「PICASSO」）。あと、すごいのは「グガン」って曲だよ。始める前に神妙な顔をして「今日は俳句（五七五）か？今日は和歌（五七五七七）か？」って聞かれるなんて、世界中で山下さんのグループだけだから（笑）。で、その韻律を歌いながらフリーで演奏して、キメで〝グガングガングガ――ン………グガングガ――ン〟ってやったら、次のヤツに（ソロが）交代していくっていう（笑）。つまり、〝アイディア〟次第で無限に広がっていくってこと。そういう山下さんに俺はものすごく共鳴感があって、このあとも、グレン・ミラーしかやらない〝パンジャ・スイング・オーケストラ〟とか、いろんな編成、いろんなタッチの音楽を一緒にやらせてもらった。その中でも山下さんの繊細なタッチがすごく好きで、今現在でもトリオで実践してるからね。

――山下さんとの活動で、そういったアイディア力やさまざまなタッチがさらに培われた一方で、打楽器のますます〝精密〟なアンサンブルを求められたのは、仙波清彦さんとの〝はにわ〟や〝オレカマ〟の活動ではないでしょうか？

そういう意味で、もうひとりのキーマンは、仙波さんだよね。根本的に打楽器という範疇の中の〝音符の自由さ〟が圧倒的に広がった。〝スト天△ステスッ天ス天ガ／スッ天天のス天ガ天天〟とか（笑）、そういう音符を教えてもらっていきなり〝歌い方〟が広がったし、それを表現するための〝手順〟が広がったんだ。ただ仙波さんは、超精密でありながら、発狂するときはホントにすごいよ（笑）。もうトリハダ立つから！　地球上に仙波さんしかいないよ（笑）。

――そもそもポンタさんの要素として突出してあった〝歌心〟と〝実験・開拓精神〟という対極にある活動の幅が、70年代よりさらにその範囲を広げ、深度も深めていったという印象があります。

例えば、Wha-ha-haにのめり込んだ次の日に、さだまさしのレコーディングで「服部（克久）さんの弦のアレンジ、気持ちいぃ〜な〜！」とか言ってるんだから（笑）。でも昔は、先輩とか同輩でも、俺のことをバカにしてたヤツはいっぱいいたと思う。特に先輩たちなんかは「アイツは器用貧乏で……」とかさ。でも、リンゴ・スターを「あんなノーテクなドラム聴いて何が面白いんだ」って本気で言ってた時代だからね。じゃあ、あの「Strawberry Fields Forever」の（ドラムインのフィル）

〝ドンッタ　タドゥンタッ　ッドタドタッ〜〟、やってみろよ！「Come Together」のアタマだって、あんな発想できるか？　この間も久しぶりに聴き直したけど、ロックもクラシックも入ってるあのジョージ・マーティンの世界ってやっぱりすごいよな。やっぱり音楽を〝上〟から見られる観点が（ジョージ・マーティンがいることで、ビートルズに）あったっていう点が大きいよね。

俺らも、70年代に憲司とその時代時代のミュージシャンを研究しまくって、自分たちのレコーディングで、音色のこと──例えば、どのマイクをどう使ったらどうなるのか?とか研究しまくったことが、当然80年代につながって生きてるわけで、そこで山下さんや仙波さんと出逢ったことで、それ（研究の成果）がまた根本から広がっていったんだと思うな。

AORという時代の波

──その憲司さんは、YMO後、プロデューサー業もどんどん増えていきます。ポンタさんのソロ・アルバム『パダング・ルンプット』（82年）も憲司さんがプロデュースですね。

憲司は当時アレンジャーとしても、EPOとか大江千里とか大貫妙子とか、いろんなヤツを手がけてたけど[註7]、俺のことは、癖というか好きなことを知り尽くしてるから、プロデューサーとして全然違う色のものを作りたくて、『PADANG～』は完璧に打ち込み主体にしたんだよ。だからこそ、ずいぶん経ってからだけど、一周して元に戻って〝憲ポンバンド〟みたいな活動をやり始めるわけよ。憲司とはしばらく空いて久しぶりに会ったときに「ポンタ、久しぶりにライヴやろうか？」とか言われて始まったのはよく覚えてる。で、「メンバーどうしようか？」って話してるときに、俺は角松（敏生）とNOBU CAINE（ノブ・ケイン）の活動がクロスしていた時期だったから、重美徹（key）と小林信吾と（key）と青木（智仁／b）を選んだんだ。俺が角松のバックをいっぱいやってる頃だから〝角松ファミリー〟[註8]っていうのかな。もちろんNOBU CAINEは独立したバンドだったけど、角松のレーベル（オーン）から出てたからね。

　その角松とは、『SEA BREEZE』（81年）のレコーディングでスタジオ・ミュージシャンとして呼ばれたとき、連れションしてからの付き合い。そこから兄貴みたいな感じで慕ってくれるようになったんだ。

――70年代には、新たな世代のミュージシャン達が集ってヘッドアレンジで作り込んでいたのに対して、80年代は、ポンタさんも単発の楽曲にスタジオ・ミュージシャンとして稼働する機会がさらに増えていきますね。

　そうだね。その中でも、その時代の一番の中心を張ってるサウンドにどんどん関わっていくんだ。

ついこの間も、〝えりとしがもん〟[註9]で〝（松田）聖子ちゃん特集〟をやったけど、そういうのもホントに楽しいよね。歌謡曲は本当によくできてるから！　当時のトップの作詞家、トップの作曲家、トップのアレンジャーと、トップのミュージシャンで作ってるわけだから。もちろん良いメンバーばっかりだからっていうのもあるけど、各々がAクラスのプレイをしてたから、サウンドも当然Aクラスになるわけよ。

――それはポンタさんが70年代から思い描いていた、日本の歌謡曲のバッキングを国際基準にしたいという強い想いが実現した世界でもありますね。そこでポンタさんの念頭にあったのは、ロスのデヴィッド・フォスターやジェイ・グレイドンらアレンジャー／プロデューサーや、TOTOとしても活躍するスタジオ・ミュージシャン・チームなどでしょうか？

それは圧倒的にあるよ。やっぱり俺はAOR系が好きなんだな。その音楽の中に〝溶けちゃう〟っていうような感覚っていうか……。その象徴のひとつが、ジェフ・ポーカロのスネアだよね。とにかくスネア。

――今でも、40代以上の人にとっては〝80年代のポンタさん＝フリー・フローティング・コパーのスネア〟というくらい、ポンタさんの代名詞、トレードマークのひとつになっていると思います。

だって、角松なんかはフリー・フローティング・コパー指定だったからね。スネアはとにかくフリー・フローティング・コパーの5インチか6（インチ）半で、バラードは必ず6半だった。

——コパーの6半が〝ジェフの音〟なわけですね。

ジェフの音というより〝AORの音〟だね。〝ロスの音〟。向こうではああいう音はエンジニアが作ってくれるからね。で、俺はスナッピーをどういうふうに鳴らすかをものすごく研究して、独特な〝ベェッ〟っていう音を創ったわけ。そういう音を出すなんて俺しかいなかったから。そこにジェフの音の残像は確かにあったよ。

——80年代は、サウンド的にはスティーヴ・ガッドからジェフに移行した？

いや、やっぱりインストゥルメンタルに関してはスティーヴのあのラディックのスネア（#400）なんだよ。KYLYNの頃の基本形は、やっぱりNYでゴードン・エドワーズ・セクステットでよくツインドラムをやっていた頃とか、チック・コリアとやったり、スタッフやったりしてた頃のスティーヴのサウンドの影響が大きいよね。18インチを超える（サイズの）シンバルは使わないのもそう。シンバルの余韻はあまり要らなくて、〝シャーン〟くらいでいいの。それに比べて最近は、トップが22インチ、クラッシュは20インチ（という普通より大きいサイズ）で、シズルまでついてる（笑）。今使ってる（セイビアンの）Crescentってシリーズが、暗ぁ〜いんだけど（服部）龍生とのデュオ（Duo Bleu）とか今の山下洋輔さんのトリオにすごく合ってるんだ。Crescentはジェフ・ハミルトンなんかがメインで作った往年のダーク系のシンバル[註10]で、すごく沈むんだけど、それが逆に「絶対、今合うな」と思ってパッとひらめいたのが、今の山下さんのトリオだった。

――一方、80年代の〝ドラムセット[註11]〟の音色はどういうイメージ？

あの頃は、セットもスチールのセットでって指定されることが多くて、当時のレコーディング全般で見ても80％以上で使った。とにかくマイク乗りが良くて、チューニング次第では本当にAORらしい音がするのよ。やっぱりピッチはどんどん下がっていって、音が〝太く〟なっていったっていうイメージだよね。スチールは、金属だからカンカン言うかと思いきや、ウッドより甘いんだよ。使ってるヘッド[註12]がコーテッド・エンペラーで音が散らないから、ライヴでもやたらエンジニアに喜ばれたな。あとはアレンジャーに特に人気があったね。

――フリー・フローティング・コパーとあわせて、スチールのセットも80年代のいわゆる〝時代の音〟になりましたね。

なんか、そうなったよね。やっぱり当時はAOR聴き倒してたからなぁ……そりゃ、ひと昔前、赤い鳥時代にビリー・コブハムみたいな超ハイピッチでやってた頃とは全然違うよ（笑）。その〝甘さ〟とか〝太さ〟みたいなものは〝時代の音〟って言えるんじゃないかな。

でも逆に、Wha-ha-haとか〝オレカマ〟なんかは、タムはめちゃくちゃハイピッチだけど、スネアはボッテボテの超ローピッチだったり、タムが全部〝土管タム〟[註13]だったり、それこそアシスタントがオリジナルで作った楽器なんかも使ってたり、そういうサウンドの実験は続いてたけどね。パールにティンパニの形をした〝ケトルタム〟なんかまで、わざわざ作ってもらったりしたし……まぁ、せっかく作ってもらったのに数回しか使わなくて申し訳なかったものもけっこうあるんだけど、当時からパールがいろいろ協力してくれて本当に感謝してるよ。例えば、ウィシングでは（高橋）ゲタ夫のベースがローがたっぷりしてウネるサウンドだから、俺のベードラは〝ドォ〜ン〟なんて余韻は要らないから、それでかなり浅いベードラを作ってもらったりね。ローもちゃんとありつつ〝ドゥッ〟っていうアタック音が出て、ゲタ夫のベースとちょうどいいわけ。ライヴ[註14]ではもちろん、『ザ・ショー』（81年2月録音）のレコーディングでも使ったと思う。そこから、ベードラを〝上〟に置こうなんて発想につながるんだけどね（笑）。

――プレイ面でも、ＡＯＲ／ジェフの影響はありますか？

とにかくジェフは、スティーリー・ダンとやってても、アレサ・フランクリンとやってても、本当に気持ち良いわけよ。バーナード・パーディとかの気持ち良さ以上に、〝音色も含めた〟トータルな気持ち良さがあって、「やっぱりコレだな」って共鳴したのはすごく覚えてる。ある意味〝フツー〟のことをやってるのに、なんでこんなに気持ち良いんだろう？って……それから俺もどんどん手数が減っていったんだ。

その代わり、ハイハットの遊びとか使い方のバリエーションは増えていくけどね。それは（山下）達郎とのセッションなんかの発展系だよ。つまり（歌のためにキックとスネアの手数は抑えて空間を空けて）タムとかハイハットの組み合わせで〝色づけ〟をするっていうね。達郎は「ポンタがいればパーカッションは要らない」って入れてくれないことが多いんだけど、それは、その〝色づけ〟でパーカッションが聴こえてるから。頭の中で鳴ってる音符を違う音で表現することで、キック、スネアはもっとシンプルにできるんだよ。

でも最近は、動画サイトの影響で（笑）……バディ・リッチとか（早叩き）コンテストで優勝したヤツとか、ホントに何ナノ？　チクショー！って、俺もたまにやってみたりして（笑）。まぁでも、今でもそういうところに熱くなる自分でいさせてくれるっていうのは、音楽の神様に感謝だよね。

のこと。山下洋輔、矢野顕子とのトリオで録音した「青い山脈」は5曲目に収録されている。

註7／「憲司はアレンジャーとしてもいろんなヤツを手がけて」
大江千里のデビュー初期2作、83年『WAKU WAKU』と84年『Pleasure』をプロデュースしている。

註8／角松敏生ファミリー
「NOBU CAINEと角松敏生のメンバーはほぼかぶってるからね」と語るように、小林信吾、重美徹、青木智仁、そして斉藤ノブ(per)や浅野“ブッチャー”祥之（g）などはポンタが在籍したNOBU CAINEのメンバーでもある。

註9／えりとしがもん
神谷えり（vo）柴田敏孝（p,key,vo）河相我聞（ds,vo）らが、西山“HANK”史翁（g）杉本智和（b）村上“PONTA”秀一（ds）松本祐一（b,chorus）らを率いて定期的に行なっているイベント。“松田聖子特集”は17年6月6日、渋谷JZ Bratにて。他に、80年代特集や昭和歌謡特集なども。

註10／Crescentシリーズ
ジェフ・ハミルトンは、もともとシンバル・メーカー“ボスフォラス”の共同オーナーだったが、スタントン・ムーアらと共に自身のメーカー“Crescent Cymbals”を立ち上げた。現在はセイビアンに買収され、Hand-Hammerdシリーズの中のひとつ、Crescentシリーズとして流通している。

註11／スチールのセット（1ページ写真）
80年代中期にポンタが発案しパールがプロトタイプとして製造した、この世に1台しかないスチール製のドラム・セット。当時、超多忙なレコーディングの8割以上で使用していた。工場にバスドラム大の鋳型がなかったためバスドラムだけはファイバーグラス製。サイズは、22”×18”BD、10”×6.5”TT、12”×10”TT、13”×11”TT、14”×12”TT、16”×16”FTで、10インチは浅胴で12”と13”は深胴、14”はフロアタムではなくラックタム仕様にしているのが特徴。レコーディングでは10+13+14+16に5インチのフリーフローティング・コパー・スネアという組み合わせで使うことが多かったようだ。その後、名古屋のライヴハウス“得三”に寄贈された。

註12／コーテッド・エンペラー
薄めのプラスティック・フィルムを2枚貼り合わせて成形したレモ製のドラム・ヘッド。ちなみに同社ヘッドは、2枚ヘッドの“エンペラー”に対して、やや厚めの1枚ヘッドのことを“アンバサダー”、薄めの1枚ヘッドのことを“ディプロマット”と、それぞれ名称がつけられている。

註13／土管タムのセット
パールが製品化した細長い筒状の“キャノンタム”のことを、通称“土管タム”と呼んでいた。この土管タムをバスドラムに組み合わせた4ページの口絵写真セットは、実際に、はにわオールスターズやオレカマ軍団で使用したもの。

註14／「ベードラを上になんて発想」
第2章の脚註9を参照。

註1／YMOの2回目のワールドツアー
1980年10月11日のイギリス・オックスフォード・ニューシアター公演から、11月14日ニューヨーク・ザ・パラディアム公演までのWORLD TOUR '80、そして12月24〜27日の日本武道館公演“FROM TOKIO TO TOKYO”までのツアー。この時期のサポート・メンバーは、矢野顕子、大村憲司、松武秀樹。このあとの第1章に記すように、ポンタはちょうどこの時期にWha-ha-haの1stアルバム制作に参加している。

註2／アルファ・フュージョン・フェスティバル
1978年12月3日から10日の1週間にわたってアルファレコードが紀伊国屋ホールで行なったイベント。ポンタ曰く「俺は大仏(高水健司)と憲司のバンドで出て、あとはYMOが出たり大貫妙子が出たり、ラーセン＝フェイトン・バンドなんかも出て、1週間くらいかけたアルファ・レコードの大きなイベントだったんだ。ラーセン＝フェイトン・バンドは、バックのメンバーが気に喰わないってロスに帰しちゃって、2日目から俺ら憲司バンドがバックをやったんだよ(笑)」。

註3／松木恒秀
この取材を行なったのは2017年6月29日。その10日前となる2017年6月18日、松木恒秀さんがご逝去されました。謹んで御悔やみ申し上げます。

註4／「行け、柳田」
矢野顕子1977年発表の3rdアルバム『いろはにこんぺいとう』に収録。

註5／「青い山脈」
矢野顕子、1978年発表の6thアルバム『ごはんができたよ』に収録。

註6／25周年のアルバム
1998年発表の村上“ポンタ”秀一音楽生活25周年アルバム『Welcome To My Life』

第1章

Wha-ha-ha

死ぬ時は別 ◉ 下駄はいてこなくちゃ

Wha-ha-ha

死ぬ時は別

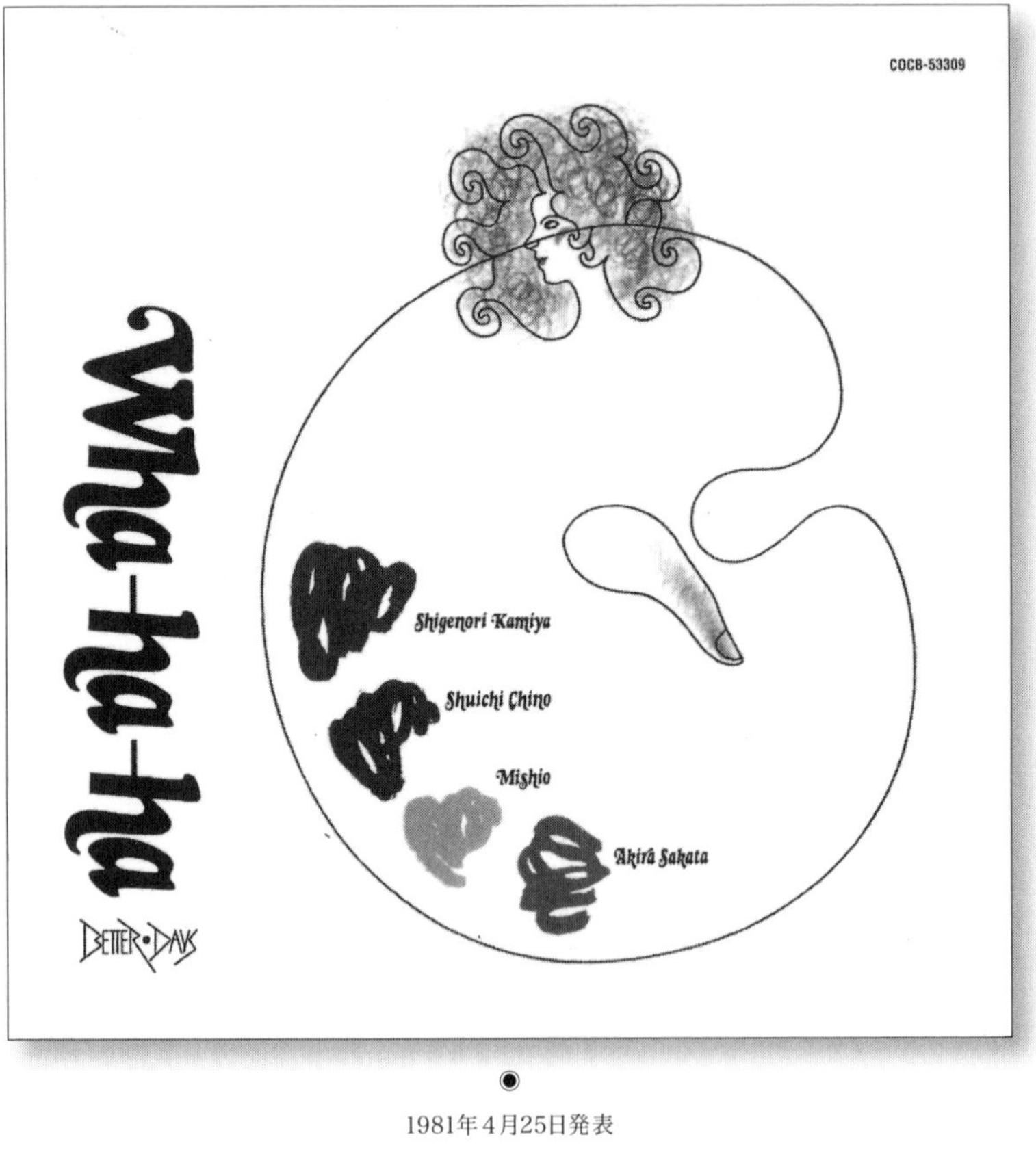

◉

1981年4月25日発表

［Song List］

1. イナナキ -Inanaki-
［Akira Sakata］
2. ワハワハ -Whaha Whaha-
［Wha-ha-ha］
3. オン・ザ・フロアー -On The Floor-
［Shigenori Kamiya］
4. タクティクス -Tactics-
［Shigenori Kamiya／arr. Akira Sakata］
5. マイ・ハピネス -My Happiness (is not yours) -
［Shuichi Chino, Mishio Ogawa］
6. コーモリ -Kohmori-
［Shigenori Kamiya／arr. Shuichi Chino］
7. 米と醤油 -Rice & Soy-
［Akira Sakata, Shuichi Chino］
8. ZOO -Zoo-
［Akira Sakata］

［Wha-ha-ha］

神谷重徳
千野秀一
小川美潮
坂田明

村上 "Ponta" 秀一（ds）
布施隆文（computer sound performance）
せんバきヨひコ（仙波清彦／per）

・Produced by Wha-ha-ha
・Co-produced by Kuniaki Sakuraba, Tomohiro Saito
・Directed by Pochi Kashiwabara

・Recorded & Mixed at Kamiya Studio Aburamen Tokyo
・Additional recording at Columbia Studio
・Engineers : Takafumi Fuse, Kazuhiro Tokieda
・Sound effects : Fujio Akatsuka

Wha-ha-ha

下駄はいてこなくちゃ

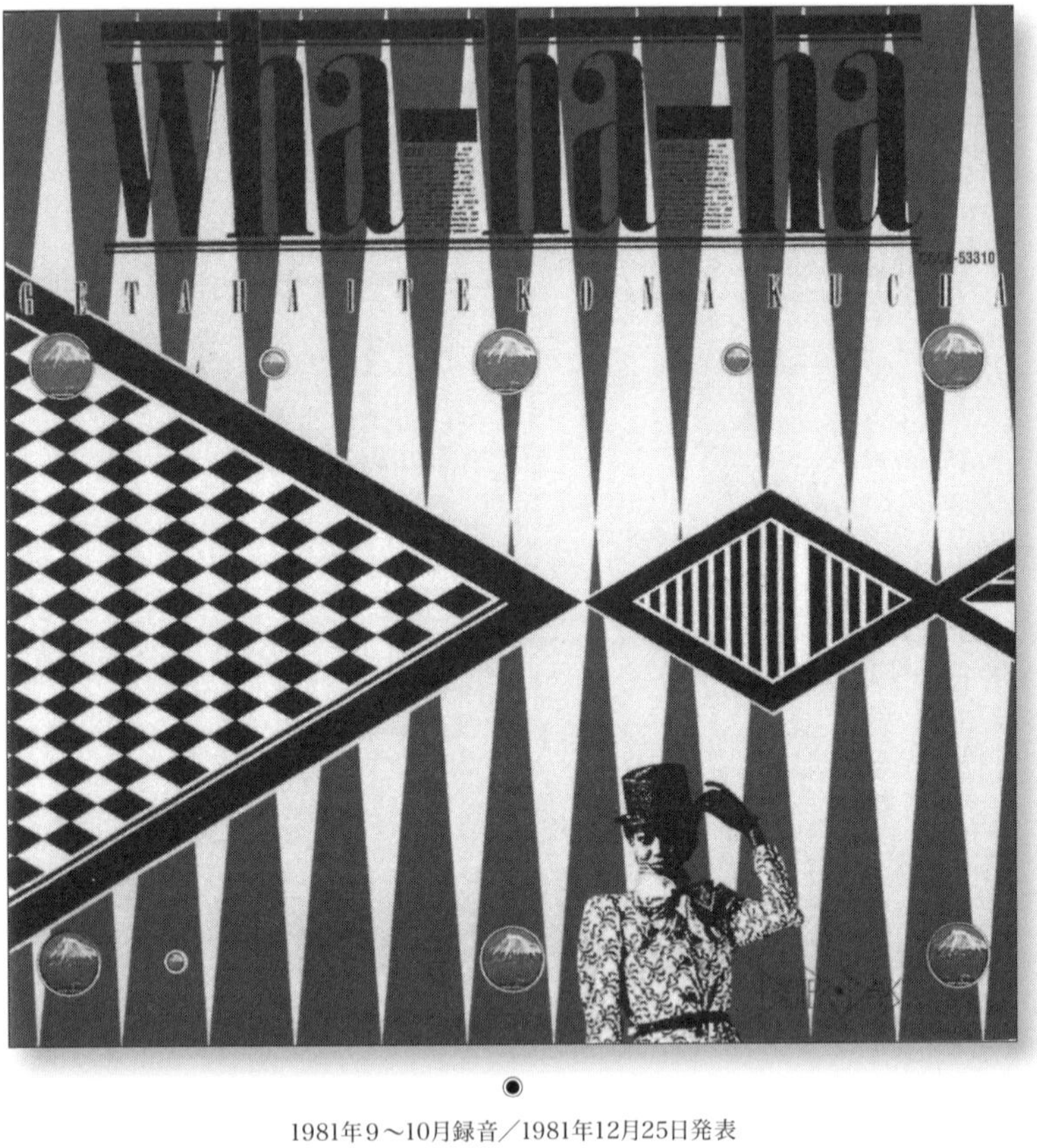

◉

1981年9～10月録音／1981年12月25日発表

［Song List］

1. アカテレ(明るいてれんこ娘) -Akatere-
［music：Shuichi Chino　words：Oshimi Wagao］

2. チック・タック -Chic Tac-
［Akira Sakata］

3. ノジャリ -Nojari-
［Shigenori Kamiya］

4. 敬老の日々 -Keiro No Hibi-
［Oshimi Wagao］

5. part 1 演説 -part 1 Enzetsu-
［basic novel on Akira］
〈cast〉
man：Akira／woman：Oshimi Wagao
perform：Chino, Bata, Ponta the terencos

6. part 2 Wha-ha-ha ラジオ劇場 -Wha-ha-ha Radio Theatre-
［basic novel on Akira］
〈cast〉
reading：Akira／woman：Oshimi／
pianist：Chino／chief：Kamiya／
underground man：Kozo
〈music〉
Theme from Stamp by Kamiya
Getahaitekonakucha by Oshimi
Theme from Akubi by Chino
Minaiyooda by Kamiya
The Sembiki by Chino
Game by Chino
It's a nice part by Oshimi
CM：Kamiya
CM copy：Ryosuke Yasukawa

7. part 3 Wha-ha-ha音頭 -The Ondow-
［basic novel on Oshimi］
〈cast〉
Iwako：Oshimi／Mother(father)：Akira／
Father(mother)：Ichiko Hashimoto／
Friend of Iwako：Bata／
Happy People：Akira, Chino, Kamiya
Omikoshi：Atsuo Fujimoto
〈music〉
wha-ha-ha ONDO by Oshimi
vocal：Oshimi
percussion：Kiyohiko Semba
drums：Ponta
piano & keyboard：Chino
bass：Bata

-Bonus Track-

8. 女でよかった -Onnadeyokatta-
［music：Akira Sakata］

［Wha-ha-ha］

坂田明
千野秀一
をしみわがお
神谷重徳
村上“ポンタ”秀一
仙波清彦
川端民生

・Produced by Wha-ha-ha & Pochi
・Recorded & Mixed by Snoopy Tokieda at Nippon Columbia Studio and by Batman Fuse, Degita at Kamiya Studio Abramen Tokyo, 1981 Sep. to Oct.
・Assistant engineer：K-shiro Sonoda
・Production co-ordination by Pochi

[Ponta's Drum Kit]

◎ **Drums**：PEARL President Export Series（Fiberglass shell),
Roto Toms & many other drums

このままレコーディング界にいたら俺の音が腐るから〝旅〟に出る

——まず、80年に別荘から出てきたあとの活動を、ポンタさんからの話といろいろな資料を元に整理すると……

◎まず直後に和田アキラさんのギター教則的アルバム『The Guitar』[註1]のレコーディングに参加していますが、

◎9月には、この年に山下洋輔トリオを脱退した坂田明さん、チャクラの人気ヴォーカリスト小川美潮さん、ギタリスト&プログラマーの神谷重徳さん、そしてダウンタウンブギウギバンドのキーボーディストだった千野秀一さんによってWha-ha-haを結成、10月にスタートしたファースト・アルバム『死ぬ時は別』のデモテープ制作に、ポンタさんはすでに参加しているんですね。

そもそもは、遡ることKYLYN時代に、山下洋輔さんから2ヵ月半に渡ってオファーを受けていたものの、71年に大村憲司さんを観るために行った甲南大学の学園祭で、ピアノを燃やすパフォーマンスをしていた山下さんに、当時クラシック一辺倒だった村上青年が抱いた嫌悪感が10年を経ても影響を及ぼし、オファーを拒絶。しかしあまりの熱意にほだされ、ペッカーさんとKYLYNで培ったキューバのお言葉集でいっちょイビり倒してやろう、と新宿ピットインに出向いたところ、溢れんばかりに行列をなす客に憚《はばか》ることなく山下さんがふたりを出迎え、丁寧なお礼の言葉を述べられたことに180度見る目が変わり、その日の演奏もハマりまくった。そこから「ポンタ君、知っておいた方がいい店がある」と、当時四ツ谷にあったバー〝ホワイト〟に連れて行ってもらい、筒井康隆さんや赤塚不二夫さん、タモリさん、『麻雀放浪記』の色川武大さんなどなど、あらゆる世界に人脈が広がっていった、と。そして坂田さんとの交流もそのホワイトのようですね。

もちろん前から坂田明って名前は知ってたけど、出逢いは間違いなくホワイトだね。会った瞬間から長年のお付き合いみたいな感じだったけど（笑）、当然、山下さんと知り合ってなかったら明ちゃん（坂田）とも知り合ってないよね。で、たぶん、明ちゃんとホワイトで飲みながらWha-ha-haの話をしたような記憶があるんだけど……でもWha-ha-haがどうやってできたのかは、俺は正直わからないんだよ。仙波さんは、もうスクエアに入った頃からの付き合いだし、このあと、あっこちゃん（矢野顕子）のツアー（〝また会おうね〟ツアー／81年4〜7月）でも一緒で、俺が誘ったような記憶もあるし……この頃の人脈はもう俺の中でもグシャグシャ（笑）。短期間でみんなが合流し出したからね。

――Wha-ha-haの4人も、80年に入って短期間で合流[註2]しているようですね。『死ぬ時は別』の中ジャケにある年表にも、その様子が記されています。Wha-ha-haのキーマンは誰だったんですか？

やっぱり神谷さんと明ちゃんと美潮なんじゃないかな〜。で、千野も（入ったのが）早いからね。俺と仙波師匠とバタ君（川端民生）は一番あとに3人同時で入ったんだよ。4人でちゃんと構想ができてて、そのあと俺ら3人が呼ばれて、っていう流れだったよね。特に歌とか言葉での丁々発止なんかは、完全に4人で作ってる世界で、俺らは（歌入れのときには）現場にはいないし、基本、分担作業なんだ。だからWha-ha-haって、あまり〝バンド〟とは思ってなかったよね。1枚目は〝面白い実験軍団〟くらいの認識だったけど、ライヴをだんだんやるようになって〝バンド〟っていう意識が芽生えてきた感じかな。

美潮は明ちゃんが連れてきたんだと思うけど、俺も〝チャクラ〟ってバンドは好きで、仙波さんもファンだったみたい。それでこのあと〝はにわオールスターズ〟につながって、美潮はメイン・ヴォーカルになるわけだし、チャクラの横澤龍太郎ってドラムも初代オレカマ軍団のひとりだからね。

神谷さんは、スタジオ界ではギタリストの名手なんだけど、レーサーになったり、シンセサイザー買ってアメリカのARP社にまで行っちゃったり、そういう変わった経歴の持ち主でさ、とうとう目黒の自宅をスタジオ（神谷スタジオ／2〜3ページ）にしちゃったんだ。2階はコンピュータ室っていうか、壁全面がモーグで（笑）、1階がスタジオ。Wha-ha-haも基本的なリズム・セクションはほとんどこのスタジオで録ったんだよ。

で、千野はもともとダウンタウンブギウギバンドのキーボードだけど、ダウンタウン以外のことをやりたくて映画音楽とか舞台音楽の方に行き始めたとき、神谷さん[註3]と何か作って、それがハマって合流したんじゃないかな？　千野って面白くてさ、宇崎竜童さんのとこ行くとフツーにオルガン・プレイヤーみたいな感じで弾くんだけど、フリー・セッションをやると、まるっきり山下さんみたいなタイプの（フリーの）ピアノを弾くんだよ。そのギャップがすごいんだ。

　で、バタ君（川端民生）は、「ベースは誰がいい？」みたいな話になったときに、俺が「絶対バタ君がいい」って言ったのは覚えてる。ちょっと変わったタイプだけど、俺の中ではスタンダード・ジャズの、まさに〝昔ながらの新宿ピットインの人〟っていう印象だったの。でも、あるときにピットインに行ったら〝エレベ〟ですごく面白いことを弾いてて、絶対に合うと思ったから「川端さん、一緒にやりましょう！」って誘ったんだ。バタ君はウッドベースがものすごいんだけど、とにかくそういうものを一回忘れたいっていう時期だったのか……っていうか、俺を含めて、なんかみんなハチャメチャなこととやりたいっていう時期だったんだよ。だから、バタ君がエレベでやり出したときは、水を得た魚というか、言葉で表現するのは難しいけど、リズムはすごいし、本当にランダムにヘンなことを弾くんだけど、それがすべてツボを得ていてとにかく素晴らしいわけ。いや、〝点〟も普通に弾かないんだよ。それでもカッコいいんだ。もう「ええ？」っていう連続だった。その隣で（仙波）師匠は、ニャァ〜！とか言いながら超絶なプレイしてるしね（笑）。とにかくヘンな合体だった。

――80年の後半に別荘から出てきたときには、行く前の79年とは違って、すでにＹＭＯが社会現象になるほど爆発的な人気を得ていました。その時期にポンタさんがＹＭＯの裏で、ＹＭＯと同様の〝電子楽器と人力〟を駆使しながらも、まったく別の音楽性のWha-ha-haをやっていたというのが興味深いところで。

あの頃、明ちゃんが『TENOCH SAKANA』[註4]（80年）を作ったり、ペッカーもレゲエをもっとテクノっぽくやりたいって『RASTA INSTANTANE』[註5]（80年）を作ったり、俺の周りのグチャグチャな人脈の中で、ずいぶん前からテクノのニュアンスっていろんな場所で取り入れられてたんだよ。

――Wha-ha-haでも神谷さんが、ＹＭＯが使って有名になったデジタル・シーケンサーＭＣ-8[註6]を駆使していたようですね。

もう、Wha-ha-haの頃にはＭＣ-8は定番だったんじゃないかな？　やっぱり松武（秀樹）が早かったからね。イエローではもちろん常に横にあってみたいな感じだし、あっこちゃんのツアーでももう使ってたしね。

――Wha-ha-haは、以前の著書では「ＹＭＯをぶっ潰せ的な集まりだった」とか「売れてないのが会員証」という言い方もあって、やっぱりＹＭＯを相当意識していたのではないかと……。

　俺の中ではみんなファミリーだから、そういう意識はなかったけど、明ちゃんなんかは（そういう構図を）面白がってたと思うし、俺もわざとそういう表現を売りにしてたってことは、まぁなきにしもあらず、かな（笑）。普通の人が聴いたらふざけてるって見られるか、訳わかんないって思われる、そういうバンド、そういう音楽だったし、ライヴでも客に向かって「なんでこっちを観に来てんの？」とか言ってたこともあったけど（笑）、実はWha-ha-haって人気があって、けっこうマニアックなファンが多かったんだよ。そもそも、各々にファンがついてたしね。

――つまり、何を聞きたいかというと、前著『俺が叩いた。』の最後が、あの切れ味鋭いナイフのようなＫＹＬＹＮで70年代を締めくくりながら、別荘から出てきた80年代のスタートが、今〝ふざけた〟とか〝訳わかんない〟とおっしゃったような音楽性のWha-ha-haだと……この間に何が起こったのか、すごく興味があって。

　出てきたあとは俺の頭の中もものすごくクリアだったし、何でも面白かったってことはあるよ。

――ポンタさんもこの時期、70年代的な自分から解放されたいと思っていた？

　そう。だからそこはWha-ha-haと山下さんに感謝なんだよ。何やってもいいんだ！と思ったもん。

――ただ、それまでもポンタさんは、他のミュージシャンと比べれば、枠にとらわれずに自由に発想して、自由にプレイしてきたと思うのですが、それ以上の自由度を求めていたということですか？

そうだね。既存の、いわゆる〝まともな〟ジャンルのあらゆる音楽をやってきたけど、山下さんとは〝また別の自由なジャンル〟のスタートだったんだ。オーネット・コールマンとか向こうのフリー・ジャズのアルバムをけっこう聴いてたけど、俺も山下さんとやりだした頃はちょうどその中間だったのかな。つまり、フリー・ジャズみたいなニュアンスなんだけど、インタイムで何をやってもいいっていうかね。そうすると、反応しながらけっこういろんなリズムをプレイできるじゃない？　それで広がっていったんだと思う。当時、奥さんにこんなこと言った記憶がある――「収入は減るけど、このままレコーディング界にいると俺の音が腐るから〝旅〟に出る」って。その〝旅〟＝山下さん、ってことだよね。

日本で言う〝ジャズマン〟とは全然発想が違う みんな〝ぶっ壊し屋〟だから

――Wha-ha-haの中では、ポンタさんがリズム・アレンジャー的な立場だったんですか？

そうだね、もうリズムはほとんど任されてた。神谷さんと千野が作ったモチーフを聴いて、俺がリズムをつけていって、仙波さんがさらに上乗せしていって、で、バタ君は自由に弾いてる（笑）、って感じ。基本的にシンセ・ベースが入ってるから、それだけでリズムは見えるわけだから、勝手にアプローチしておくわけ。だから録り自体は、ひとりひとりバラバラの作業が多かった。特にドラムは、打ち込みを消して俺が生に差し換えたりとか、けっこうやってたと思う。せーのでやるってことはまずなかったよ。でも、今回あらためて聴いたけど、けっこういろんなリズムをやってるよね。とにかく〝まとも〟にはやらない（笑）。その〝まともにやらない〟っていうのが、ある意味、ポリシーだったんじゃないかな。少なくとも俺の中では、Wha-ha-haをやってる間、〝まともにやらない〟っていう美学はずっとあった。ある種、〝実験グループ〟だからね。この頃、よく〝ワハハ本舗〟と間違えられたけど（笑）、友達ではあるけど全然関係ないから。

――Wha-ha-haでの実験で印象に残っていることは何ですか？

やっぱり、MC-8の〝キッコッコッカッコッコッコッ〟っていうクリックの中で、どれだけ自由にできるか、だよね。Wha-ha-haではその凌ぎ合いだった。そこでバタ君が（クリックとは）関係ないことを弾いてるっていうのがまた面白いのよ。それに比べれば、仙波さんと俺はカチッとアプローチする方だったと思うけど、流行りでテクノやってるヤツなんかより、もっと自由にその中に入っていってMC–8のクリックをぶっ壊す！みたいな発想はあったしね。ずっとフリーで叩いてるのに実はインテンポだった、とかさ。つまり、キッコッコッコに〝合わせる〟んじゃなくて、（クリックを）聴いてるからこそインテンポでできるんだけど、実際のプレイはインテンポには聴こえないように〝自由に〟叩くっていう。そうなると、もう〝揺れ〟なんてものは通り越してるわけ。そのへんは、PONTA BOXにも今の山下さんのトリオにも生きてるよ。

——リズムだけ見ても、さまざまな音が単発でいろんな場所に何層にも重なって入っていたり、音を聴いただけでは何を誰がどう演奏しているのかわからないところが多々あります。

もうわからなくてよろしい、って感じ（笑）。正直、今回聴き直してみて「何やってんだ、コレ!?」とは思ったけど、でもコレができるんだから面白い時代だったよな。けっこうバカにされてたんだから、「アイツら、何やってんの?」って。でもみんな、そういう批評に対してこそ「イェ〜イ！」って思う連中なわけよ。

——しかも符割りなんてかなり複雑ですし、ある意味、超絶すぎて何をやっているのかわからないっていう部分もあります。例えば1曲目の「イナナキ」は、12拍の3小節サイクルの中、インテンポを感じさせない白玉の不穏なシンセ・ベースの上で、ドラムは、キックは4分打ちなのに、上半身はどんどん小節線を超えた叩きまくりのフィルでターンオーバーしていくし、サックス・リフのパートでは、突然高速4ビートに展開して、最後は乱闘のようなエンディングになりますし。

だって、かなりメカニックなバンドだったからね。曲自体すごく複雑だし。でもそれは、ライヴをやったからこそ思うことで、レコーディングの最中は、神谷さんと千野が、俺に「テキトーに叩いて」って言って、面白いところだけ切って貼り合わせて構成してる曲もけっこうあると思うんだ。たぶん「米と醤油」なんかそうだと思うんだけど、むしろWha-ha-haは、スルーで（1曲通して）録った曲の方が断然少ないはずで、俺のイメージでは〝勝手に出来上がってた〟みたいなところもある（笑）。俺らはリズム録りだけだけど、千野と神谷さんは2階のスタジオにずぅっと入り浸ってたからね。あーでもないこーでもないってやり倒してたんだと思う。そこに差し入れだけ持って行って、顔も見ないで帰ることもあった（笑）。俺と仙波さんは、Wha-ha-haの音の中では、一番出入りが少ないんじゃないかな。逆に「On The Floor」なんかは、ちゃんとドラム・セットで一生懸命叩いた記憶があるけど。

——そういうプログレッシヴでカオスな、ある意味〝肉体的〟なビートと、シンセの無機質な電子音や、美潮さんや坂田さんのコミカルなヴォーカルの〝コントラスト〟とか〝混ざり方〟とか〝押し引き／出し入れ〟がWha-ha-haならではですよね。

そうそう、トンガったリズムとかたくさんあるけど、トータルに流れてるのは、少しクラシックの匂いがするシンセの世界と美潮のヴォーカルがメインなんだと思う。「On The Floor」なんか、今回特にそう感じたな。その中で明ちゃんが面白いこと吹いてるっていう……それがうまいことマッチしたんだろうね。もちろん、それが一般ウケするとは、メンバー誰も思ってなかったし、逆にそういうスゴさがわからないようにやってやる、っていう気持ちもあったからね。

あとは、ミュージシャン各々の素養だよ。神谷さんだって、あらゆる音楽に精通してるんだけど、俺と同じで基本的にクラシックの素養が大きいと思うし、仙波さんだって、もちろん邦楽の家元でもあるけど、芸大を出てクラシックの造詣も深いと思うよ……あまりそういう面は見せないけど。で、千野もそう。ヨーロッパに行ったっきり帰ってこないのは、やっぱり空気が合ってるんだよ。だからみんな、日本で言う〝ジャズマン〟とは全然発想が違うんだ。〝誰々っぽく〟なんてヤツは一人もいない。みんなある意味〝ぶっ壊し屋〟だもんな。バタ君なんてその典型だよね。今でも、ベース聴けば一発でわかる。何ひとつ〝まとも〟なこと弾いてないっていうか……すごいこと弾いてるよ！　つまり〝ダイム感〟なんだよ、〝拍〟っていう概念じゃないの。だから、オーソドックスなことを弾かせたらむちゃくちゃうまいからね。さっきも言ったけど、そういう、〝まとも〟とか〝拍〟とか〝オーソドックス〟とか、そういうことに嫌気が差してた時期だったのかな。バタ君、たまに酔うと宇宙人みたいになっちゃうんだけど（笑）、「ダメなんだよ、地球上にある音を弾いてちゃ。（音が）降りてくるんだよ。それを弾けばいいんだ」っていうのが口癖だったの。だって、坂田[註7]オーケストラのベルリン・ジャズ・フェスティバルのときだって、10日間の滞在なのにコンビニ袋みたいなのひとつで来る人だからね（笑）。「バタ君、荷物預けたの？」「ああ、これだけだよ」って……それだけでもう尊敬しちゃった。

――（笑）。なるほど、このバンドではポンタさんのクラシック魂にも火が点いたわけですね。

それはあるよ。でも「On The Floor」は、レコーディングしながら「これ、まさかライヴでやらねぇだろうな」とは思ってた（笑）。

――「On The Floor」は、前半はテープの回転がどんどん上がっていきながら、ずっと表でシンセのリフが鳴っているけど裏では〝どフリー〟だったり、そのカオスな絡みをフェイドイン／フェイドアウトしたり、ものすごいことになっています（笑）。後半には、美潮さんのスキャットをメインにインテンポの演奏になりますが、かなりのテンポで、ポンタさんには珍しい、スネア頭打ちのビートを叩いていますね。

この曲はすごく印象に残ってて、普通に録って回転数を上げてんのよ。だから録ってるときはけっこうタルいんだけどね（笑）。ドラムは、ただでさえWha-ha-haではピッチが高いチューニングなのに、（テープの回転数を上げているので）もうタムなんかカランコロンだもんね。

――Wha-ha-haでは、セットは何を使っていたんですか？　やっぱり余韻がかなり短いものばかりですが。

例によって、レコーディングは曲によってガラッと変えちゃうけど、Wha-ha-haではものすごい数のセットを使ってたと思うな。基本はファイバーグラス（パールPresident Exportシリーズ）だったと思うけど、ロートタムも多かったし、タムもかなりピッチを上げてパリパリの音にしてた。やっぱりスピード感が必要だからね。そのわりにはトップ（シンバル）に24とか26インチを使ってたからなぁ（笑）。その落差がすごかった。『下駄はいてこなくちゃ』のときは、ハイハットが20インチなんて曲もあったよ。

――それは「敬老の日々」ですね。

そうそう。でもこの曲はドラム・セットは使ってなくて、ハイハットはハイハットだけとか全部別録りだし、スネアもキックも1個ずつ全部違うチャンネルで録って加工してるよね。

――冒頭のベースが4分進行かと思いきや、ハイハットが入るとそっちが4分になって、ベースは2拍3連だったというトリックですね。

それを別々に録って、あとでいろいろ組み合わせていくわけ。『死ぬ時は別』の方はまだ（録り方が）

バンドっぽいけど、『下駄はいて〜』の方はそれが顕著だよね。だから千野と神谷さんはスタジオに入り浸りなんだよ。そういえば、しゃべりの台本もよくスタジオにこもって（坂田、美潮を含めた）4人で書いてたね。アルバム後半の「ｐａｒｔ１演説」とか「ｐａｒｔ２ラジオ劇場」とかね。そういうときは俺も仙波さんもバタ君もいないわけ。

まぁ「演説」もバタ君のベースがすごいね。実はこのベース、俺のなんだよ。ギブソンのセミアコ。昔ハプニングス・フォーのトメ（北川）さんが使ってたやつを、なぜか俺にくれたんだ。ネックが反りまくってて音程がわからないくらいだったんだけど、バタ君が「これいいなぁ〜」とか言ってずっと使ってたの。もともとバタ君って〝ミスター・ドヨ〜ン〟っていうニックネームをつけられてたくらいなのに、このベースを使ってもっと音程がわからなくなった（笑）。

――（笑）。「ノジャリ」は、仙波さんが前面に出ている曲ですね。

この曲は俺のロールのところと、仙波さんのソロっぽい部分以外は、ふたりそれぞれがテキトーに叩いたものを組み合わせたり、リズムも面白いところを切って貼り合わせたり加工したり、かなり作り込んでると思うけど、仙波さんばっかりよく聴こえるね。ソロのところなんかはもう遊びまくってるし（笑）。あと（フラメンコ的な）手拍子は仙波さんの得意技で、別チャンで録ってこういうふうに〝パッパラパッパッ〟ってうまいこと組み合わせるんだよな〜。こうやってあらためて聴き直すと、Wha-ha-haのレコーディングは分担作業だったっていうのがよくわかるし、それをよく楽曲風にまとめ上げたよね。そうやって全部作り込んでるから、コピーしてライヴをやるのがサイコーに面白いわけよ。せーのでやるとこうなっちゃうんだ！って。

――「チック・タック」は、ドラムのタムのオスティナート・フレーズの上に、電子音やヴォイスなどさまざまな音が立体的に往来・照射される組み立てがかなりアヴァンギャルドですが、坂田オーケストラのベルリン・ジャズ・フェスティバルの模様を収録した『ベルリン二十八號』[註8]では、篠笛と締太鼓から始まる壮大な和風アレンジで聴けますね。

「チック・タック」はいろんなところで（そのモチーフを）使ったよね。ちなみに、ベルリン・ジャズ・フェスティバルのときは、もうベードラ[註9]が上にあったよ。ドイツの新聞って日曜版がものすごく分厚いんだけど、そのトップにカラーで俺が写ってたからよぉく覚えてる。なのに、〝ドラムの藤井信雄〟って書いてあって、俺、周りのみんなに〝ノブオ～！〟って呼ばれてた（笑）。

――最後に、YMOはテクノ・ポップと言われていますけど、Wha-ha-haはいったい……？

ビョーキ・テクノだよね（笑）。でも、Wha-ha-haは『11PM』に出たこともあるんだよ。それも藤本義一さんが司会の大阪の回に。ただ、テレビの生放送であまり過激なことはできないから、けっ

こうおとなしく〝ビョーキ〟やってたよ（笑）。俺も放射能防護服みたいなつ
なぎをずっと衣装にしてて（笑）、見た目はクシャっとした紙みたいなんだけど、ＮＡＳＡが開発した特殊な素材で、通気性がまったくなくてさ、一応ベルトを締めるんだけど、ステージ終わってベルト外すじゃん？　そうすると、ものすごい量の汗がビシャーッ!!って流れ落ちるわけ（笑）。これ、冗談じゃなくて、ホントにジャーッ!!って（笑）。それを50着も買っちゃってさ、はにわでも着てたけど、結局全部なくなったから、ライヴは相当やってたってことだよね。

田美奈子らを迎えてレコーディングされたレゲエ・ダブ・アルバム。こちらも80年発表のBetter Days作品。邦題は“インスタント・ラスタ feat.恐怖のペッカー”。

註6／MC-8

1977年にローランドが発表し、クラフトワークやYMOがこぞって愛用した世界初の本格的デジタル・シーケンサー。従来アナログ・シーケンサーのキーボード操作をテンキーに置き換え、数値を入力すれば、高度な演奏テクニックを要する曲でも正確に演奏することができるようになった。また音程を変えずに、定められた時間の中に楽曲を延ばしたり縮めたりして収めることがツマミひとつで可能になるなど、その後の音楽の歴史を変えたデジタル・インストゥルメントの名機。

註7／坂田オーケストラのベルリン・ジャズ・フェスティバル

1981年11月にベルリン・フィルハーモニーで行なわれたフェスティバルに、ポンタは坂田オーケストラの一員として参加。メンバーは坂田明（as）、向井滋春（tb）、橋本一子（p,vo）、千野秀一（org, synth）、川端民生（el-b）、吉野弘志（ac-b）、村上“ポンタ”秀一／藤井信雄（d）、仙波清彦／堅田啓輝／仙波元章（per, vo）。

註8／『ベルリン二十八號（伯林廿八號）』

ベルリン・ジャズ・フェスティバル、81年11月6日の模様を収録したライヴ盤。82年2月25日発表。LPのA面はM①「What time is it?」M②「E?E!!E?」、そしてB面は24分43秒にわたる邦楽器アレンジでの「Chic Tac」を収録。

註9／「もうベードラが上にあった」

パールのファイバーグラスのセット（President Export）では、深さの浅い20×12インチのバスドラムを特注し、写真のようにタムの上方にセッティングしていた。写真はベルリン・ジャズ・フェスティバル出演時のもの。こんな奇抜なセッティングがドイツの新聞の日曜版一面を飾ったのだ。

註1／和田アキラ『The Guitar』
レコーディング・メンバーは、村上“ポンタ”秀一、渡辺建（b）、中村哲（key）という当時のPRISM＋ドラムが青山純ではなくポンタという人選。当時のLPのB面（track6〜10）は、自身のリード・ギターを省いたマイナスワン・トラックが収録され、ギター・コード譜、当時の機材の写真なども掲載された“ギター教習用”として“使える”アルバムでもあった。

註2／「4人が短期間で合流している」
『死ぬ時は別』のライナーノーツには4人の歴史が年表形式で書かれているが、4人の接点が1980年に神谷を中心として訪れるのは以下の通りである。
［1980年］
坂田、山下洋輔トリオ退団。
4月　美潮、CHAKRAのファースト・アルバムをKAMIYA ST.にてレコーディング。
千野、バレエ音楽『メディアα』を神谷の協力を得てレコーディング。
5月　千野、ダウンタウン・ファイティング・ブギウギ・バンド、横浜のコンサートでCHAKRAと共演。
6月　坂田、神谷プロデュースにより、アルバム・レコーディング（『TENOCH SAKANA』）。
9月　全員、レコードを作ろう!!
10月　全員、デモテープ制作に入る。その後、悪夢の数ヶ月がくる。ポンタはくるわ、仙波はくるわ、病気はくるわ、メシはくうわ、千野は怒るわコーヒーと吉野屋と大八車の毎日でありました。

註3／「千野が神谷さんと何か作って」
柳下規夫（振付）×宇崎竜童（音楽）のコラボによるバレエ演劇“メディアα”（1980年7月28〜31日　於：PARCO劇場）の音楽を神谷の協力を得てレコーディングしている。

註4／坂田明『TENOCH SAKANA』
「世紀のスーパースター、坂田明がアナーキィ・ダブ・テクノに挑戦！」と銘打たれた80年Better Daysレーベル作品“テノク・サカナ”。神谷プロデュースでRoland MC-8がフィーチャーされ、千野や仙波清彦、青山純も参加するなど、坂田をメインにフリー、アヴァンギャルド〜エレクトロの気鋭ミュージシャンが集まってWha-ha-haに先駆けて制作されたアルバム。

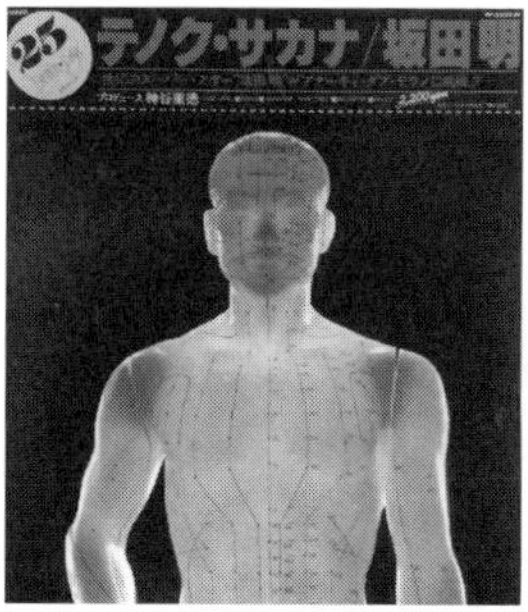

註5／ペッカー『RASTA INSTANTANE』
ペッカーをフィーチャーし、スライ&ロビーやマイキー・チャン、ズート“スカリー”といった本場ジャマイカン・スカ／レゲエの創始者レベルのミュージシャンやプロデューサーを始め、坂田明や松岡直也、向井滋春、吉

第2章

山下洋輔、そして仙波清彦

寿限無〜山下洋輔の世界 Vol.2

◉

PICASSO

山下洋輔

寿限無〜山下洋輔の世界 Vol.2

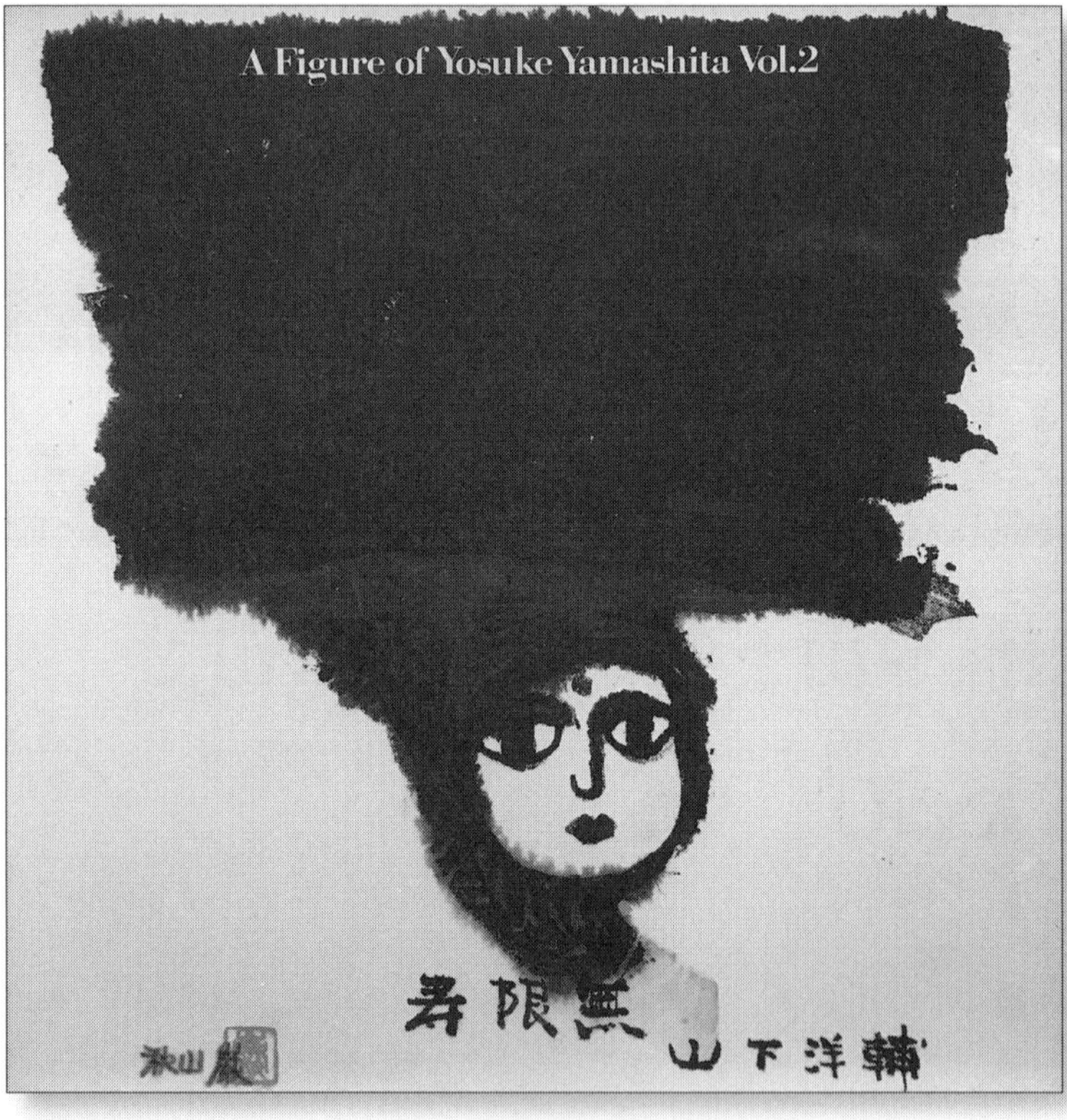

◉

1981年7月20〜8月19日録音／1981年発表

［Song List & Musicians］

1．音楽乱土 -Music Land-
［Y. Yamashita］
山下洋輔（p）／向井滋春（tb）／
川端民生（b）／ペッカー（per）／
村上〝ポンタ〟秀一（d）
〈録音〉
1981年7月20日　杉並テイチク・スタジオ

2．漂遊ニ長調 -Drifting On D-
［Y. Yamashita］
山下洋輔（p）／渡辺香津美（g）／
川端民生（b）／ペッカー（per）
〈録音〉
1981年7月21日　杉並テイチク・スタジオ
8月14日　東京フリーダム・スタジオ

3．第一橋堡 -First Bridge-
［Y. Yamashita］
山下洋輔（p）／清水靖晃（ts）／
川端民生（b）／トニー木庭（d）
〈録音〉
1981年7月20日　杉並テイチク・スタジオ

4．活動写真 -Motion Picture-
［Y. Tsutsui］
山下洋輔（p）／中村誠一（ts）／
川端民生（b）／村上“ポンタ”秀一（d）／
ペッカー（per）／大野ストリングス
〈録音〉
1981年7月20日／8月19日　杉並テイチク・スタジオ

5．寿限無 -JUGEMU-
［Y. Yamashita］
山下洋輔（p）／坂田明（vo）／
向井滋春（tb）／渡辺香津美（eg）／
武田和命（ts）／川端民生（eb）／
村上“ポンタ”秀一（d）／ペッカー（per）
〈録音〉
1981年8月19日　杉並テイチク・スタジオ

6．仙波山 -Mt. Semba-
［Y. Yamashita］
山下洋輔（p）／中村誠一（ss）／
武田和命（ts）／林栄一（as）／石兼武美（bs）
〈録音〉
1981年8月19日　杉並テイチク・スタジオ

・All Songs Arranged by 山下洋輔
・An Idea of JUGEMU by 小山彰太

・Producer：山下洋輔 for FRASCO
・岩神六平 for Jam Rice
・Director：Hiroshi Mitsuka for NIPPON PHONOGRAM
・Recording & Mixing Engineer：宮坂剛
・Cover Art：秋山巌

山下洋輔

PICASSO

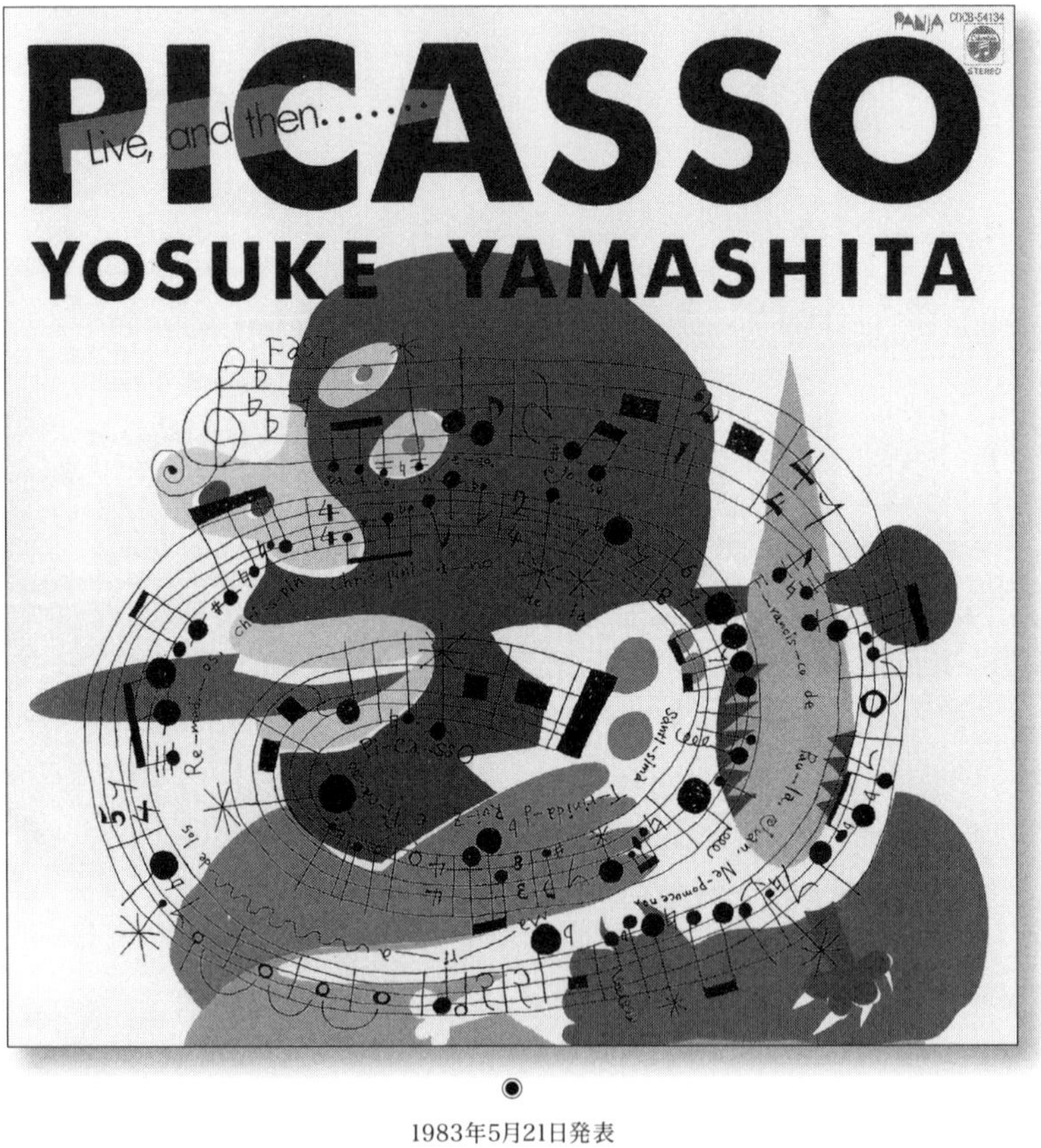

◉

1983年5月21日発表

［Song List］

1．イントロダクション〜ファースト・ブリッジ
-Introduction 〜 First Bridge-
［Y. Yamashita］

2．リーヴィン・アンド・ラフィン
-Leavin' and Laughin-
［Y. Yamashita］

3．コール・オブ・ドーン -Call of Dawn-
［Y. Yamashita］

4．ピカソ -Picasso-
［Y. Yamashita］

〈以下『Live, and then……PICASSO ＋ 5』盤ボーナス・トラック〉

5．アナザー・ピクチャー
-Another Picture-
［Y. Yamashita］

6．ジ・アザー・ピクチャー
-The Other Picture-
［Y. Yamashita］

7．ノッキング・ダークネス
-Knocking Darkness-
［Y. Yamashita］

8．セブラル・エンカウンターズ・アンド・ザ・ピルグリム
-Several Encounters and the Pilgrim-
［Y. Yamashita］

9．妙のテーマ -Tae's Theme-
［Y. Yamashita］

［Musicians］

山下洋輔（p）
川端民生（b）
村上“ポンタ”秀一（d）

additional musicians
M1：ペッカー（per）
M2 〜 9：岡野等（tp）／粉川忠範（tb）／松風鉱一（as）／武田和命（ts）／ボブ斉藤（ts）／杉本喜代志（g）

［Recording］
M1：1982 年 8 月 9 日
六本木ピットインにてライヴ録音
M2 〜 9：1982 年 8 月 31 日／ 9 月 1、4、5 日
テイチク堀ノ内スタジオ
1982 年 9 月 9、18 日　テイチク会館スタジオ
1982 年 9 月 10 日　サンライズ・スタジオ

・Producer：山下洋輔
・Engineer：新居章夫/岩神六平
・Assistant Engineer：大橋正路
・Art Director：平野甲賀
・Illustration：柳生弦一郎
・Executive Producer：岩神六平
・Cooperator：PIT INN ／宮坂剛

[Ponta's Drum Kit]

◎ **Drums**：PEARL President Export Series（Fiberglass shell）

山下さんと出逢ったことで水を得た魚になった

――ポンタさんと山下洋輔さんとの出逢い、さらにポンタさんが山下さんから受けた衝撃については、序章で触れた通りですが、その活動を端的に言い表わしている表現が、アルバム『寿限無～山下洋輔の世界 Vol.2』の山下さんご自身のライナーノーツにあります。実はプロレス好きの私、この論に非常に納得してしまったのです。

すなわち曰く――

「(前略) とにかく、このレコードは共演の相棒、セッション・パートナー達のお陰でできた。夫々《それぞれ》の分野での第一級の実力者ばかりだ。彼らとのセッションを通じてどんなに多くのものをぼくが得たか、すぐに言うことはできない。それ程大事な経験をさせてもらった。

ひとつだけ、おぼろげにわかったことがある。それは、演奏とは命のやりとりだ、ということだ」

……それについて、当時、村松友視[註1]さんのプロレス論をそのまま『ジャズ論』として読んでいたという山下さんからすると……

「たとえば今回の相棒達は夫々、自分のフィールドでは第一人者だ。その分野での決め技、殺し技

はゴマンと持っている。もし、このセッションの場でそれをモロに使われたら、僕は振り切られてしまったろう。つまり、殺される。そういうことが起きなかったのは、このセッションに対する全員の『暗黙の了解』が成り立っていたからだ。そしてこの『暗黙の了解』というのもまたプロレスに於ては最も高度で難解な要素の一つとされているのだ。

　それは各々のプレイヤーのこのセッションに対する理解の仕方、と言い換えてもよい。そして、そういうことが成り立ったという事実をぼくは感謝している。実際、何をやればよいか、音を出した瞬間に我我は分かり合った。そして、その一瞬一瞬に命を削って出し続けられた彼らの音々を、ぼくは全身で受けとめた筈だ。（改行）その記録をここにお届けする」

――と。

　それを言うならまず、初代山下洋輔トリオがその最たるものなんじゃないかな。森山威男さんと中村誠一と、それから坂田明が入った第二期もそう。もう命の削り合いだもん。あれだけのフリーでありながら、ヨーロッパでもなくアメリカでもない、あの山下トリオ独特のサウンドに、人々は感銘を受けたんだと思う。そんな場所に俺とペッカーが入ることができたのは、ひとつは松岡直也さんの〝ウィシング〟への山下さんの憧れもあったんだと思う。だから、俺らがウィシングをやっていなければ出逢えてなかったかもしれない。数年後のことだけど、宮崎のフェニックス（ジャズ・フェスティバル／84年8月18日）で、夜の7時から（渡辺）香津美でやって、深夜0時から阿川泰子、で、翌朝

4時からウィシングだったんだけど（笑）、その頃にはもうお客もみんな寝てるような状態なのに、山下さんだけがステージの袖でパイプ椅子に座ってずっと（ウィシングの）ステージを観てたのをすごくよく覚えてるんだけど、それくらい松岡さんって大きな存在だったんじゃないかな。

——ポンタさんにとっての80年代のスタートに山下さんと縁があったというのは、本当に大きなインパクトだったとのことですが。

俺がウィシングにいたからこそ山下さんと知り合えたんだと思うけど、本当に大きな出来事だったと思う。で、それを俺なりに消化して、時には山下さんを引っ張ることだってあったしね。

——山下さんがライナーでまた、こうおっしゃっています……

「村上ポンタ秀一とペッカーとは、ピットインでのセッションを通じてこの1年程の間にじわじわと知り合ってきた。共演するたびにかつて感じたことのないスリリングな気持ちを味わう。異質の体験であり、このおそらく現在最強のパーカッションコンビからぼくが得つつあるものは大きい。レコーディングが終わってから、教えてもらいたいことが山程あるのに気がついた」

……と。実際、山下さんとは何か話を？

うん。例えば、ペッカーとのアンサンブルっていうのは、実はキューバに昔からある〝言葉〟で、それは〝民謡〟と一緒で、その国でずっと受け継がれてきた〝言葉〟、言ってみれば〝様式美〟みたいなもんだよね。だから〝音符〟を作ってやってるわけじゃなくて、キューバに昔からある〝言葉〟を俺たちが好きで、俺たちなりにユニゾンでやったりしてるだけで……とかね。だから、俺らが入ってからそういう場面が大いにあるから！

逆に、俺らも質問したよ——「山下さんは、どういう気持ちであいうふうにプレイされるんですか？」って訊いたら、「わからん！　そういうことは訊くな」みたいな感じだったけど（笑）。

——実際に一緒に音を出してみた衝撃はどんなものだったのでしょうか？

何度も言うけど、やっぱり自由さだよね。こんなに自由にやっていいんだ、っていう。最初にペッカーとふたりで新宿ピットインに行ったとき、どんな演奏をしたかなんてまったく覚えてないけど、そこで山下さんはもう俺たちの使い方を閃いたんじゃないかな。

『寿限無』のレコーディング直後の〝寿限無ツアー〟[註2]は、本数もけっこうやったんだけど、ソリストには香津美がいたり向井（滋春）がいたり、ホーンも4〜5人いたし、俺は小山彰太とツイン・ドラムだったり、そこに仙波さんが入ってたまにトリプルになったりもしたし、そこにペッカーもいるし、山岸（潤史）までいたことがあるけど、だんだん人数が増えていくのよ……それこそ寿限無〝一座〟。しかもその一人ひとりが全員、自由だったからね。これが面白くないわけないよね（笑）。

——松岡さんのウィシングもそう感じましたが、山下さんも、今一番〝旬〟なミュージシャンと交わることで、自分の音楽がどうなってしまうのか、その遭遇（エンカウンター）を楽しんでいらしたのではないでしょうか？

そうだろうね。松岡さんも、富樫（雅彦）さんがドラムを叩けなくなってから、いったん演歌界に行って、ショックから立ち直った後、月に1～2度、青山のロブロイって店で演奏していたところに、たまたま俺が通りかかって、その後、先輩の鈴木二郎さんを差し置いて（笑）、俺がずぅっとやり続けたわけだけど、そういう出逢いってあるんだよな。

——まず素朴な疑問なのですが、例えば「音楽乱土」でも「寿限無」でも、テーマ・メロディは符割で考えるとかなり複雑なのですが、テーマ部分だけは譜面があったりするのですか？

山下さんのメロディは〝譜面〟じゃないんだよ。メロディというか、山下さんが弾いたものを何回か聴いて、山下さんの動きを見ながら覚えるしかないんだ。（……と言って「音楽乱土」冒頭のメロディをまるまる歌って）これ、そもそも譜面に書けないから（笑）。

でも、そのうちに〝呼吸感〟、〝間《ま》〟がわかってくるわけよ。その呼吸感を意図的にズラして俺が早く出ちゃったりとか、合わせないとか、逆に向井のトロンボーンのメロディでバシッと合わせちゃうとか、そうやってインタープレイがどんどん発展していくんだ。

——なるほど、〝呼吸感〟なんですね。

だって「寿限無」なんて……（と言って「寿限無」のメロディを歌いだし、歌い終わると）これ、どうやって譜面に書くんだよ（笑）！　最近、山下さんのトリオ（坂井紅介＋ポンタ）に、ギターの小沼（ようすけ）を入れてやったんだけど、小沼も「これ、どうやって（拍を）取ってるんですか？」ってむちゃくちゃ困ってた。「それはもう感覚だよ、感覚」って。当時の俺もそんなふうにして「ああ、何でもいいんだな」って思わされたし、そう思わせてくれたのは、まず「寿限無」って曲だったし、〝寿限無一座〟だった。この一座でのライヴは、そうやってむちゃくちゃなくらい膨らんでいくけど、レコーディングではちゃんと形になるっていうのがすごい集団だったよね。

——呼吸感のスリリングさと、フリーではまた別のスリル、そこに前述のプロレス論ではないですが、聴かせるための〝ステージ〟と〝暗黙の了解〟をきっちりブレンドしてあるところに、個人的にものすごい納得感があるんです。「音楽乱土」[註3]のラスト、ポンタさんとペッカーさんが得意の〝お言葉集〟でソロを展開した直後、テーマに戻るきっかけのフレーズは、ポンタさんがテーマ・メロディを歌っているのがはっきり聴こえます。テーマをドラムで歌っているだけでなく、手順まできっちり考えているのがわかります。

今でもよく「音程がない歌で悪いね」って言うんだけど（笑）、そこも、テーマのメロディをそのままなぞってるだけで、その最終回のキューだよね。曲中では、トロンボーンがサビのメロディを吹いたら「次いきますよ」っていうキューになってたと思う。「寿限無」のキューは簡単で、俺が「ダカンタダカンタダカンタダッダン」ってやったらみんな着いてきてくれるから(笑)。でも面白いのは、ついこの間もトリオで「寿限無」をやったとき、紅介と「テーマのこの休符って、こっちだよね?」「あぁ〜、そうかもしれない」とか言ってさ、今まで何百回やってきたんだ、俺ら(笑)。で、「山下さん、こっちですかね?」って訊くと「どうでもいいんじゃない?」って言いつつ、俺らの解釈にすぐ付けて(合わせて)くれるからね。

それに「寿限無」が難しいのは、曲中で落語をやらなきゃいけないんだよ。

——落語、というのは?

「何かい、おまえさん」……〝ドォン!〟……「そうじゃない」……〝ドバドォロン〟とかさ。「寿限無」は、そういうライヴでの面白さもあるんだ。

それに比べて『PICASSO』の方の曲は、レコーディングの後、ホーンが入った他の曲はほとんどライヴでできてないんじゃないかな? 今回あらためて聴き直してみたら『PICASSO』(アルバム)が圧倒的に面白いね。ホーンの面白さもあるし、トリオもトリオなりにすごく面白いと思うから、今からでもぜひやってみたいな。ボーナス・トラックまで全部聴いたけど、5曲目と9曲目は

○で、他はほとんど俺の中で◎付けたもんね。1曲1曲が全体的に面白いよ。特に2曲目「Leavin' and Laughin」と3曲目「Call of Dawn」、あとはやっぱり「ＰＩＣＡＳＳＯ」が本当に面白い。現代音楽っぽくもあるしね。

――『ＰＩＣＡＳＳＯ』では、1曲目のライヴ・レコーディングを除いて、山下さん＋川端さん＋ポンタさんという、ベースが入った純粋な〝トリオ〟＋ホーン・セクションという編成です。このトリオについて、山下さんはアルバムのライナーノーツで……

「（トリオという）ジャズにとってはアタリマエのフォーマットを通じて、アタリマエでない音楽に向かうことがテーマだ」

……とおっしゃっていますが、ポンタさんはどう感じていましたか？

それまで山下さんは、サックスとドラムっていうベースレスのトリオをずっとやってきたわけで、ベースが入ったということはものすごい変化だったと思うんだ。だって〝決め事〟をやられるわけだから。一時、国仲（勝男）君っていう沖縄出身のものすごいベースが入ったときの山下トリオはすごく面白かったけど、このアルバムでも、バタ君の存在感がすごいんだよ。自由にやらせてやってるように見せて、音のチョイス、音符のタイミングをちゃんと押さえてるから。そのへんが天才と呼ばれる所以なんだ。ライヴだと、客からしたら、たまに弾いたかと思えば、俺の貸したセミアコ・ベースってそもそも音程がはっきりしないのに、余計にボヨ〜ンって音程もよくわからないし……なんて思うかもしれないけど、バタ君のすごさって一緒に演るとわかるのよ。

――『寿限無』から『PICASSO』で編成も変わっていますが、ポンタさんご自身は実際にどういう変化がありましたか?

　俺の中ではこの2枚はつながってて、『寿限無』と『PICASSO』で1枚。オーバーに言ったら、同じ日に録ったんじゃないかと思うくらい。でもあらためて聴いたら『PICASSO』は違う高みに行ってるなと思った。俺のアクセントに対してこういう音階を付けるホーン・アレンジも素晴らしいし――ホントに大変だったと思うけど――、あんな面白いアプローチするホーン・セクション、なかなかいないよ。

　でも、当時レコーディングのあとにツアーもいっぱいやってるのに、『PICASSO』の曲はほとんど記憶にないんだ。とにかく何も考えずに、その場で反応してやってたのかなぁ……。それくらい俺は、山下さんと出逢ったことで水を得た魚になったんだよ。

似たもの同士⁉

２０１７年は、山下さんと毎月のようにできたからラッキーだったけど、いつも思うのは、山下さんは本当に貪欲だし、音楽のまったく垣根がないというか、無意識に湧いてくるんだろうね……例えば一時、天田（透）っていう、ベルリンフィルに30年くらいいたフルートが入ってカルテットでやった時期があるんだけど、天田の「ホーホー」っていう５／８の曲があって、俺と紅介は５／８でリズムをずっと切ってるんだけど、その上で山下さんは「ほー　ほー　ほーたる来い」をテーマにもうフリーで弾いてるわけ。で、各々ソロになって、俺も紅介も終わって、、次、山下さんになったら「赤とんぼ」は出てくるわ、ドビュッシーは出てくるわ、もうね、無意識にどんどん湧き出てくるみたい。それがまた素晴らしいんだ。当然〝肘打ち〟も出てくるしね。

――そういうときは、ポンタさんも無意識にアイディアが湧き出てくるような感覚なんですか？

自分を忘れるっていうか、音の中に飛び込むって感覚だなんだけど、でもある種〝クール〟でいるわけよ。さもその中に飛び込んでいるように見せて「次どう行ったろうかな？」とか、ちょっと計算もしてて、でも無意識に耳は研ぎ澄まされてて、周りの音を聴いて「なるほどな」なんて思いながら、自分の番になったらブワァー！っと捲《まく》し立てる、とかね。これはもう言葉ではない、音だけのマジックっていうか、〝うねり〟だよね。

――ポンタさんは、どんな状況でもクールな視点を必ず持っていると感じます。

うん、絶対持っていたいしね。で、山下さんも絶対そうだから。

――当時、ドラマーとしての活動という点でも、山下さんやWha-ha-haをやりながら、かたや、歌謡曲のバッキングという〝様式美〟の世界も、並行してどころか、毎日ごちゃまぜのスケジュールだったと思います。どこかでクールな視点を持っていないと、こういう何足もの草鞋《わらじ》は履けないのではないかと。

確かに、俺の中で山下さんとの快感が当たり前になってきちゃったときに、「もう（他の世界に）戻れないかも」って、一瞬、これはヤバイと思ったことはあるよ。でも一方で、山下さんとやっていたからこそ、歌謡曲の世界――歌手のバッキングで台本をもらって〝演技をする〟っていう世界が、俺にとって逆に新鮮で良かったんだと思う。それに（山下さんやWha-ha-ha、はにわなどでの活動を通じて）普通のレコーディング・ミュージシャンじゃ絶対やらない、まともじゃないフレーズが俺の〝ハンコ〟になってるからこそ、今でも「この曲はポンタ以外ないよね」って呼ばれることが多いし、この両極端を持っていることが、いつまでも新鮮に思われる要因でもあるんじゃないかな。特に今の若い子からしてみたら、クリックでも人間っぽいリズムが出せるっていうのは新鮮だと思うよ。

──それも、クリックと人間っぽさという〝両極〟を同時に持っているということですよね。その両者を無段階に配合して、時宜《じぎ》にかなったアウトプットをする仕方に、〝クールな視点〟と〝研ぎ澄まされた耳〟が必ずあるんだと、僕は感じています。

まぁ乱暴者と成人のはざまだな（笑）。でも、俺は山下さんの超繊細な部分も好きで、今この4年、山下さんと（坂井）紅介とずっとやっているトリオは〝そっち〟なんだ。

ついこの間、山下さんと岡林信康さんがデュエットしたとき、岡林さん、涙流してたらしいからね……そのときの音は聴いてないけど、俺はその感じ、ものすごくわかる。それに、今のトリオに高[注4]岡早紀ちゃんが入って昭和歌謡をやったこともあるんだけど、山下さん、昭和のジャズもむちゃくちゃ素晴らしくて、あらためて、この人はものすごい素養を持っているんだなと思った。早紀ちゃんも、さすが女優だけあって色気と情感でうまく持っていくし、俺はもうヤキソバ（ブラシ）だけやって、シズル（シンバル）で4小節に1回シャァ〜ンっていけばもう十分だもん。

そうやって俺が（ブラシのスウィープで）ステイしてるときは、山下さん、俺とは違うテンポの揺れで歌ったり、逆に俺がちょっと〝乱暴者〟のニュアンスを出すと、今度は普通に昭和歌謡――笠置シズ子さんとか、「有楽町で逢いましょう」とか、クラシックを通ったミュージシャンの同録の世界だよね――のピアニストの王道でステイしたり、もう本当に柔軟だからね。

――もしかして、山下さんとポンタさんは似ていらっしゃる？

言えると思うなぁ。だからこその共鳴感は絶対にあるよね。俺は、出逢いの最初からそうだったからね、「ああ、こんなことまでやれるんだ」って。それは今一緒にやっていても思う。そこでまた紅介がさ、水を得た魚のように、ニコニコしながら取り憑かれたようなものすごいプレイするからね（笑）。このトリオで紅介以外のベースは絶対に考えられない。

――今でもトリオで活動していることが、何よりご両人の気の置けない関係を表わしていると思います。

山下さんがあれだけ忙しい中、去年（２０１７年）トリオでたくさんできたのは嬉しかった。ホントに楽しいし、もうライフワークだよね。

――ところで、〝寿限無ツアー〟の最中は〝番外編〟があって、伝説の〝朝までセッション〟が夜ごと繰り広げられていたようですね。

そうそう、ステージが終わると、毎日その街のライヴハウスに暴れ込みに行くんだけど（笑）、みんなどんどん消えていく中、俺と山下さんだけはいつも帰り際がわからなくて、結局、朝までデュオをやってるっていう（笑）。そんな状態だから、ある日「山下さん、今日は（深夜）2時に帰りましょう」って計画して、ふたりで「おやすみなさーい」って帰ったの。他のみんなが「ええ？　珍しいな」みたい顔してるわけ。で、俺らはホテルに戻ったんだけど、1時間後に電話がかかってきて……

「ポンタ、起きてるか？」

「はい」

「俺たちが抜けてから、もっと面白いことになってるんじゃないか？」

……って、またふたりで行っちゃうわけよ（笑）。で、みんなは三々五々帰っていくんだけど、結局俺らは朝8時まで（笑）。そういうツアーだった。しかも毎日（笑）。ホントに8時なのは、俺、普通ならホテルで次の日の支度をして、着る服も決めてから寝るっていうタイプなんだけど、このツアーは、ホテルに入らないことの方が多かったからね。朝、駅まで荷物を持ってきてもらうっていう。

ちなみに、四ツ谷のホワイトで『麻雀放浪記』の色川武大先生が「スウィング・ジャズを聴きたい」って、そのひと言で山下さんの〝パンジャ・スイング・オーケストラ〟ができたんだけど、そのときも、色川先生はとっくに寝てるのに、気がついたら俺と山下さんだけで、何日経ったんだ？っていうくらい延々と演奏してたよ（笑）。

もうひとつの偉大なる出逢い――仙波清彦

――そして、ポンタさんにとってもうひとりの偉大なる出逢いは、仙波清彦さんですね。過去のドラム・マガジンのはにわオールスターズ特集記事で、ポンタさんは仙波さんとの出会いは〝スクエア〟[註5]だとおっしゃっていますが、実際は？

当時、(スクエアの初代ドラマーの) マイケル (河合誠一) が、村岡建さんとギターの直井 (隆雄) さんと笹路 (正徳) とけっこうトンガった新主流派のジャズをやってて、六本木のミンゴスムジコ (Mingos Musico) っていうジャズクラブに出てたんだけど、「ニューヨークから面白いドラマーが帰ってきた」なんて聞いて、俺もよく観に行ってたんだ。その後、マイケルがスクエアに入って、当時スクエアのプロデューサーだった八つぁん (ソニーの名物プロデューサー、伊藤八十八) のつながりもあって親しくなったのかな……よくメンバーがうちに遊びに来たりもしてたけど、その頃はまだ

仙波清彦とはにわオールスターズ
はにわ
1983 年発表

［Musicians］
仙波清彦（drum set, per, 雅楽 , key, etc.）／青山純（d, per）／横澤龍太郎（per, d, 雅楽）／村上“ポンタ”秀一（d）／れいち（vo, per）／寒河江勇志（b, cello, vln）／川端民生（b）／久米大作（key, p, 雅楽 , 鉄琴）／千野秀一（org, key）／藤本 POM（g）／板倉文（g）／小川美潮（vo）／橋本一子（vo）／田沼宏一郎（vo）／坂田明（as, clarinet, 雅楽）／中村誠一（ts, 雅楽）／松本治（tb, tuba）／邦楽隊、他

［Song List］
①ちゃーのみ友達スレスレ②日本一のピラクル男③こぶしの怠り④うん、こわいの＊⑤目下の叫び＊⑥極楽ルムバ⑦潮来の芸者衆＊⑧沖のてずるもずる⑨ようやく I LOVE YOU ⑩めだか
（＊：村上“ポンタ”秀一参加曲）

Recorded & Mixed at ソニー・ミュージック信濃町スタジオ（1983 年２月３日）
Produced by 仙波清彦 , 河合マイケル／Executive Producer：伊藤八十八／Recording & Mixing Engineer：鈴木良博／Assistant Engineers：大野邦彦, 高松幹大／Art Direction & Graphic：仁張明男／Illustration & Graphic：吉田孝

仙波さんのことは知らなかったと思う。その後、スクエアに仙波さんが入ったのがきっかけで知り合ったんだろうな……仙波さんとは当時一緒にいるのがあまりに当たり前だったから、もう何がきっかけでいつ頃出会ったのか、見当がつかないなぁ。

――そもそも、邦洋の打楽器が混交した30人もの編成となる〝はにわオールスターズ〟の誕生について、その特集記事内で、小川美潮さんがアンケートに応えておっしゃるには、まず美潮さんと仙波さんの出会いはWha-ha-haのレコーディングが最初だそうで、〝はにわ〟については以下のように述べています……

「はにわの元になったバンドがありまして、それは仙波流の発表会が国立劇場であったときに、仙波さんとポンタさんと久米大作さん（ｋｅｙ）と私で何かやろうって言うんですよ。それで４人でやっ

たのが最初ですね。私なんか自分で何をやってるかよくわかっていないのに、仙波さんのお祖父さんやお父さんは『おもしろい』って言うんですよ。だから、やっぱりすごい家庭に育った人なんだなぁと思って。

そのときに〝はにわ〟って言葉が出てきたと思うんです。で、〝はにわ〟っていうのは『みんなの目が点になって穴が空いちゃう』っていう感じなんですけど」……と。

その記事を見せてもらったけど、その4人でやったっていう記憶がないんだよ。でも、国立劇場での発表会っていうのは覚えてて、とにかく〝仙波会〟っていう、あらゆる邦楽の楽器のトップの人が集まる仙波流の年1回の発表会だからさ、俺と美潮は居場所がなくて、もうトイレの洗面台にいるしかなかった（笑）。舞台で何をやったかは覚えてないんだけど、一緒にやってる俺が「仙波さん、よくこんなこと（邦楽の発表会で）できるな」と思ったくらい、異端児って言葉を通り越してたよね。ただ、仙波さんのお父さんとお祖父さんがものすごく頭の柔らかい人で、「面白い面白い、やりなさい」って言ってくれて、俺とか美潮をすごく可愛がってくれてたんだよ。この発表会が〝はにわ〟の元になったっていうのは事実だよ。

で、よく仙波さんのお父さんが「〝叩く美学〟を持ってるのは、日本でポンタ君と林英哲だけだ」って言ってくれたんだ。それは〝間を切る〟とか、俺がずっと意識してきた腕の使い方のことを言ってくれてるんだと思うけどね。でも、俺が締太鼓の練習に行ったりしたけど続かなかったのは、打ち方だけでも5、6年じゃ身につかないってことがわかったから。（バチを振り上げたとき）眉毛が見えちゃいけないとか、そういう型・美学があるんだ。

――仙波さんはこの当時、ポップスの中に邦楽の要素を入れていこうという構想があったのでしょうか？

もちろん詳しいことはわからないけど、仙波さんはそういう邦楽の〝正統〟をやりながらも、もともとボサノヴァとか大好きだったと思うし、もっと言うと、面白いものだったら何でもいいっていう気持ちもあったと思うんだ。今でもずっとそういう部分は持ってると思うけど。当時、法政大学の学園祭にはにわオールスターズで出て〝サムルノリ〟とジョイントしたり、そこからアジア〜東南アジア〜インドってどんどん関心が広がって吸収して、実際、サムルノリ系もバリ系のリズムも（はにわに）どんどん入ってくるしね。当時は正直、仙波さんの言ってることが理解できないこともあったくらい（笑）。そういう意味では、ものすごくトンガった人っていう言い方もできるよね。でも、どこかに〝洒落〟が入ってるわけよ。〝カルガモーズ〟なんてさ、バンド名だけで笑っちゃったもん。お弟子さんの打楽器隊の〝チビカマ〟たちを見てると、本当に親にずっとついていくカルガモの子供に見えてくるもんね。

――ポンタさんがこの時期に仙波さんや邦楽と出逢って、ご自身のドラムがどういうふうに変わったと思いますか？
まず俺はずっと〝音符が個性〟の世界だと思ってたから……、つまり1小節の中を、1拍をどう歌うかっていう、そこに各々の個性があるからこそ「これはあの人！」と思うわけじゃない？　日本では少ないけど、海外では「このドラムはコイツだ」ってけっこうわかる。俺はそういうものだと思ってきたんだけど、邦楽では、その曲を知らない人がいきなり何万人集まってもできる〝邦楽譜〟っていうのがあって、それが全部16分割されてるって知ってがく然としたんだ。俺は「やっとシックスティーン・ビートが叩けるヤツが出てきた」なんて、すぐにピックアップされたわけだけど、そもそも（シックスティーン・ビートって）邦楽にあったんじゃん？っていう。表現のニュアンスが違うだけでね。邦楽は思いっきりタイト。仙波さんから見れば、俺らなんて超〝訛り屋〟で、本当は水と油のはずなんだよ。それが、仙波さんと一緒にやると本当に面白かったんだ。そこに、青山純っていう仲介役がいたからなおさらね。アオジュンっていう（ビートの）大黒柱がいたおかげで、俺は影に隠れてけっこう手抜きしてるから（笑）。だから、純がいないと、はっきり言って困るのよ。そういうときに、れいちがいてくれると助かるわけ。ちゃんとできる人だから（笑）。「ムズカシイ〜」とか言いながらものすごいフレーズやっちゃうんだ。

——前述のドラム・マガジンの座談会でも、仙波さん、青山純さん、長谷部徹さん、則竹裕之さんまでもが「れいちはすぐできちゃうから」と言ってましたね。

ホントにそう。ある意味、天才なんだよ。歌もユニークだしね。ダンナがチャクラとか〝はにわちゃん〟のメンバーでもある清水一登だけど、彼もまた天才キーボードだし。あと、俺、はにわのときは寒河江（勇志）っていうフレットレスしか使わないミック・カーンみたいなベースが好きだったんだけど、仙波さんの周りにはそういう名手がいっぱいいるんだよ。

——はにわもメンバーがいろいろ出入りする中で、核となるのがポンタさん、青山純さん、れいちさんだったわけですね。

そうだね。あと初期は、チャクラの横澤龍太郎もいて、それが定番のメンバーだった。香津美の『桜花爛漫』ってライヴ盤になった新宿厚生年金のＭＯＢＯ倶楽部のライヴ（85年4月10日）に、オレカマがゲストで呼ばれたときがこのメンバーで、それが最後だったかもね。

手順の概念がまったく違う

——ドラマーとして、〝はにわオールスターズ〟や、そのミニマム版でドラムのみ5人編成の〝オレカマ〟

での難しさといったら何なんでしょう？

とにかく、西洋のドラムセットってものが好きになって始めたヤツが、まず体験したことがないパターンだからね。手順の概念がまったく違うんだ。特に「オレカマ」[註6]なんて、タイトルは〝オレにカマわず行け〟ってところからきてて、ホントに演奏中（難しくて）崩壊していくヤツが出るから、〝オレにカマわず行ってくれ〟と（笑）。まぁ、ドラマーのヤツに「オレカマ」のどアタマからの譜面を見せてやりたいよ。がく然とするから！「何、この音符!?!?」って。

まず仙波さんの「ウタッタタッタンタタッタゥタタ」っていうキューから入るんだけど、その後、〝ドチッタチッタド／ドタッチタッチド〟[註7]なんてフレーズも、最後の〝ド〟はフロアタムで、「ポンタさん、キックはずっと4分ですから」って、それはわかってるんだけど、まぁ手順がややこしいわけ（笑）。で、後半になると、もう西洋譜では追いつかないの。（西洋譜で）〝ウタンタタン〟って歌ったんじゃ、もう遅いんだ。そこは（邦楽譜で）〝ス天ガ天〟って歌わないと間に合わない。で、そう歌ってるうちに、フレーズがちゃんと（超タイトな）〝ス天ガ天〟になってくるんだよ。で、〝ス天ガ天ドバラド／ス天ガ天ドバラド／ス天ガ〟なんて1拍半フレーズもあって、俺は〝ドバラド〟はそのままカタカナで〝ドバラド〟って書いちゃう。もう邦楽譜と洋楽譜を混ぜて書かないと目が追いつかないんだ。

それに、〝タチドーント／タチドーント〟なんていうフレーズも難しくて、〝タチド〜ンド／タチド～ンド〟（とベードラの音符をただ伸ばす）なら普通にできるんだけど、歌い方の感覚は〝タチドッドッド／タチドッッド〟って、休符もしっかりひとつひとつ表現しなきゃいけないわけ。あえて歌ってみると〝タチドゥッド／タチドゥッド〟って感じだよね。

こんなふうに、打楽器のフレーズは結局、全編〝歌〟で覚えるしかないんだけど、俺なんかスケジュールが合わなくて久しぶりにゲストで呼ばれたりすると、俺がいない間に〝チビカマ〟達が超絶に難しい手順にしてたりして、そんなステージに久しぶりに放り込まれるわけ（笑）。もう手順についていくだけで必死よ。それを横目にチビカマ達は楽しみながら鼻歌みたいにやってるんだ。アオジュンも最初は苦労してたけど、そのうちに楽勝でやってたからね。そういうヤツがいてくれると助かるわけよ。複雑なタイミングのベードラはアオジュンとかれいちに任せて、俺、ペダルから足外して手だけやったりしてたし（笑）。

――（笑）。手順がそのまま歌い方になっていると。

そう。これがいわゆる、決まった〝型〟、〝様式〟だよね。この時期、これでまた歌い方も広がったし、表現するための〝手順〟が広がったっていうのが、俺にとって大きかったわけよ。

――ポップスの揺れや訛りではなく、きっちり16分で叩くと。

そうだね。でも、俺みたいな訛り系もいるから、音が太くなるってことはあるよね。アオジュンはジャストなのに太い。れいちは細いけどタイト。で、仙波さんはさらにタイトで、俺は訛り節。で、邦楽の人たちは「ト」と「ス」（の邦楽譜）で超タイトにやってるわけだから、こっちが意識してタイトにやれば絶対にズレないんだけど、邦楽では〝ダンタンタンタン/タンタンタンタン/タカタカタカタカ〟はなくて〝ダンタンタンタン/タタタタタタタタ〟って全部片手でさ、これが大変なんだよ！「オレカマ」の途中に、両手で〝ダダダダダッダダンダダダダ/ダダダダッダダンダダダダ〟っていうフレーズがあるんだけど、両手同時にこの速さなんて無理よ（笑）！ でも仙波さんは完璧なの（笑）。あとでプレイバック聴いたら仙波さん以外誰もできてないのに、ちゃんと〝ダダダダダッダダ～〟って、その音符通りのユニゾンに聴こえるのが、俺の中で唯一のアンサンブルの不思議。とはいえ、俺はわりと自由にやらせてもらえるパートの方で、仙波さんはたぶん、ポンタは乱暴モンだから自由に動いて感性で叩いた方が面白い、と思ってくれてたんじゃないかな。放し飼いみたいな(笑)。ただ「オレカマ」に関しては、全部ユニゾンだから、それだけじゃ済まないわけ。

――最後に楽器のことを聞かせてください。はにわオールスターズのライヴでは、よく土管タムのセットを使用していましたが（4ページ写真）、土管セットは、他のドラマーとはまったく違うセッティング＝違う音色にするための工夫だったのでしょうか？

俺、少し仙波さんと似てると思うのは、楽器に対して〝色モノ〟が好きっていうところで、土管セットも特に意図してってことはないんだよ。当時は（斉藤）司っていう楽器好きの名物アシスタントが、フリー・フローティングの枠だけ使って、スネア・サイドとスナッピーだけのスネア（５ページ写真）を作ったり――はにわでも使ったし、レコーディングでも、エフェクターを噛ましてものすごくタイトなハンド・クラップみたいな感じでよく使ったよ――、当時は仙波さんと一緒にパールの本社に行って、レンタルでも使えなくなってきたような楽器を探してもらったり、シンバルのコーナーに行って、わざわざ曲げて穴空けたり、そんなことをよくやってたよ。

だからセッティングは本当にいろいろだったと思うんだけど、基本は白のＦＸ（ファイバーグラス）のベードラに、口径が同じで深さが違う土管タムを４つくらい並べたりしてたよね。で、メインをブラスの３インチ半にして、左側に14×12インチの超ローピッチ・スネアを置いたりしてた。メインとサブの落差（コントラスト）を考えてね。だってアオジュンも低くて音太いし、れいちもミッド～低めだし、仙波さんはキンキンに高いから。

14×12インチのスネアはマーチング系のスネアだね。今でも（深さ）６半のスネアは、ドベドベのローピッチで深ぁ～いリヴァーブかけて使ってるけど、14×12のスネアはリヴァーブをかけなくてもそういう音が出るんだよ。

土管タムも、６～12インチの同じ口径で深さ違いを並べようとは思ってたけど、高い音が欲しいから〝土管〟にしたわけじゃなくて、土管をローピッチにしたりもしてたよ。ただ、打面が小さいだけによく外すんだ（笑）。リムだけカチッ！なんてよくあったけど、仙波さんは全部ど真ん中、百発百中だから（笑）。で、両手であんなに速い音符をやるんだから。すごいって！

――（笑）。土管タムの並び順は、手順を考えてではないですか？

それはある。だから一番上（4ページ写真の一番左の6インチ）はすごく低くて、一番右の12インチ・タム（シングルヘッド・タム）と組み合わせて、右左左って普通の（クロスしない）手順で〝タドド〟ってできるようにしてた。で、真ん中のふたつはミドルピッチにして、全体的に俺は、仙波さんのカランコロンとアオジュン／れいちのドベェ〜としたローピッチの中間にいる感じかな。

註１　村松友視さんのプロレス論
中央公論社の編集者から文筆活動に入り、80年に発表したデビュー作『私、プロレスの味方です』で、プロレスを、上から目線で軽視、蔑視されがちな領域の象徴と見立てて味方し、一般良識的価値観に一矢報いようと32項目の新しいプロレスの味方を提唱したベストセラー・エッセイ。

註２　寿限無ツアー
正式名称は“寿限無ライヴ・コンサート・ツアー”。1月22日の佐賀市民会館〜31日の盛岡教育会館まで８公演行なわれ、メンバーは山下洋輔３＋１、渡辺香津美、向井滋春、川端民生、村上秀一、ペッカー、中村誠一(22,23,24,27,31)、清水靖晃(28,30,31)、トニー木庭(24,28,30)、筒井康隆(30)。(　) 内は出演した日にち。

註３　テーマに戻るきっかけのフレーズ
「音楽乱土」CD TIME 7分10秒〜。

註４　「高岡早紀ちゃんが入って昭和歌謡」
2015年7月、“THE TRIO：山下洋輔、村上“ポンタ”秀一＆坂井紅介 with Special Guest 高岡早紀”名義で、丸の内コットンクラブと札幌シティジャズに出演した。

註５　ドラム・マガジンのはにわオールスターズ特集記事
1991年No.40号 P78〜79

註６　「オレカマ」
ポンタ曰く「仙波さんの言葉を借りれば、室町時代にあった、笛とかいろんなものの組み合わせを打楽器でやっているだけ」とのこと。

註７　“ドチッタチッタド／ドタッチタッチド”
読者のみなさんも、バスドラムを4分音符で踏みながら、「タ」＝スネア・ドラム／「チ」＝ハイハット／末尾の「ド」＝フロアタム、として叩いてみよう！　手順は「BRッLRッLR／BLッRRッLR」で、最後のフロア・タムを右手で叩くために、その前の“チタ”が“RR”と手順が入れ替わる。

第3章

角松敏生

SEA BREEZE

角松敏生

SEA BREEZE

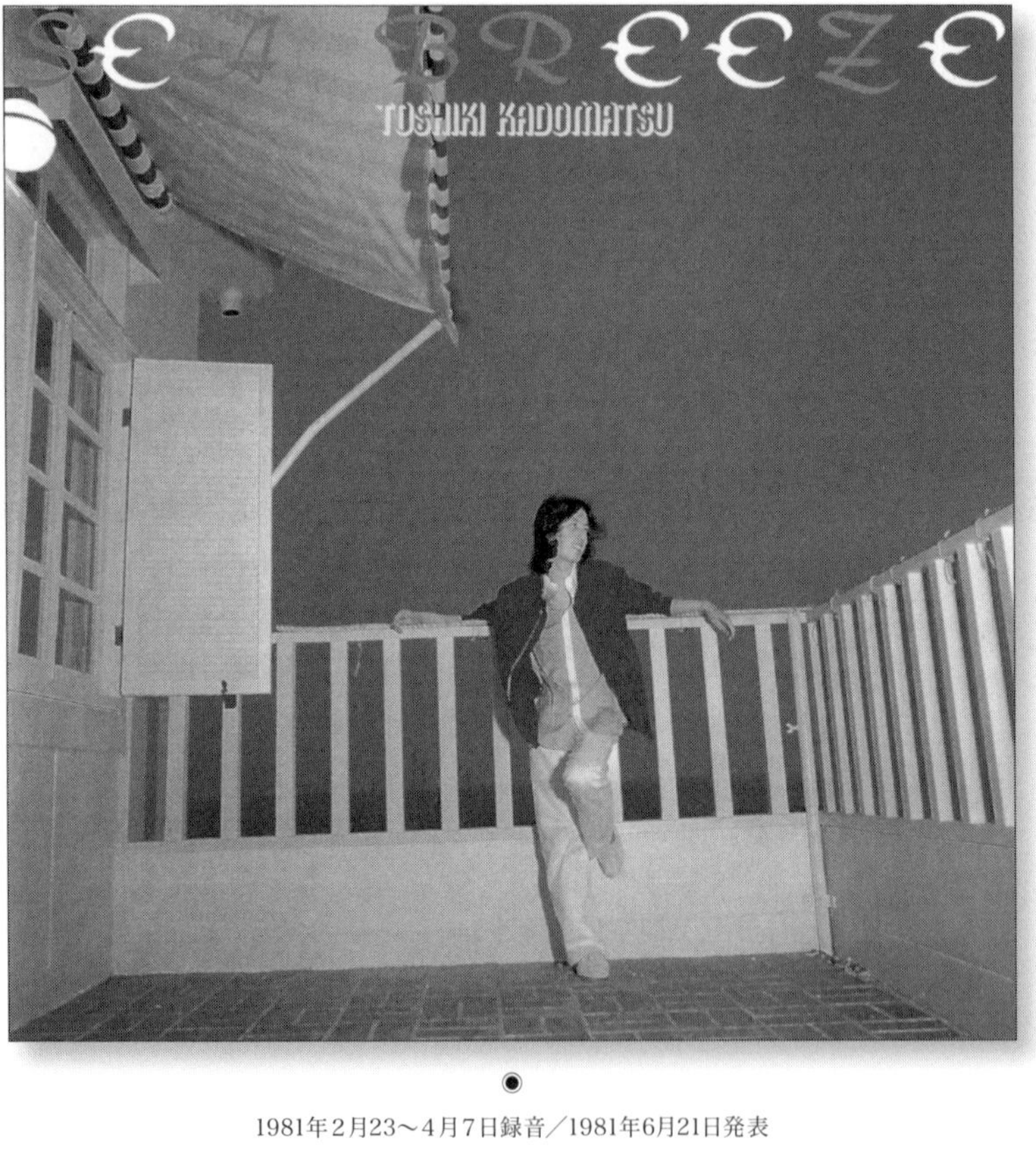

◉

1981年2月23〜4月7日録音／1981年6月21日発表

［Song List］

1. Dancing Shower
［作詞・作曲：角松敏生／編曲：志熊研三］
2. Elena
［作詞・作曲：角松敏生／編曲：清水信之］
3. Summer Babe
［作詞・作曲：角松敏生／編曲：志熊研三］
4. Surf Break
［作詞・作曲：角松敏生／編曲：後藤次利］
5. YOKOHAMA Twilight Time
［作詞・作曲：角松敏生／編曲：志熊研三］
6. City Nights
［作詞・作曲：角松敏生／編曲：松原正樹］
7. Still I'm In Love With You
［作詞・作曲：角松敏生／編曲：後藤次利］
8. Wave
［作詞・作曲：角松敏生／編曲：志熊研三］

［Musicians］

〈Drums〉村上“ポンタ”秀一／林立夫(Parachute)／上原裕
〈Bass〉後藤次利／富倉安生／マイク・ダン(Parachute)／田中章弘
〈Keyboard〉清水信之／渋井博／富樫春生
〈Synthesizer〉佐藤準／清水信之／井上鑑(Parachute)
〈Electric Guitar〉鈴木茂／松原正樹(Parachute)／今剛(Parachute)／青山徹
〈Acoustic Guitar〉吉川忠英／原茂
〈Percussion〉斉藤ノブ(Parachute)／ペッカー／穴井忠臣／菅原裕紀
〈Syn. Programming〉浦田圭司
〈Saxophone〉ジェイク・H・コンセプション／片山コウジ
〈Trombone〉新井英治グループ／向井滋春グループ
〈Trumpet〉武田和三グループ／中沢健二グループ
〈Strings〉Tomatoストリングス／Joeストリングス
〈Back vocal〉Buzz／EPO／松下誠／山田秀俊／梅垣達志／緒方道子

- Produced by 岡村佑
- Sound Directed by 志熊研三
- Recorded in SOUND INN st.／NICHION st.／一口坂 st.／RVC st.
- Engineered by：鈴木敬三／内沼映二(Mixers-Lab.)／大川正義(一口坂 st.)／他
- Remix Engineered by 内沼映二(Mixers-Lab.)
- Recordind Data：1981年2月23～4月7日

[Ponta's Drum Kit]

◎ **Drums**：PEARL GX Series (Maple shell／Wine Red)
22"BD＋10"TT＋12"TT＋(14"TT)＋16"FT

俺、AORドラマーだな

――まず、時代背景からうかがいますが、本作『SEA BREEZE』は81年発表なので、この裏では、前述のとおりWha-ha-haや山下洋輔さんのグループで、すさまじいインプロヴァイズや新たな手法のレコーディングが繰り広げられているということになります。つまり、Wha-ha-haや山下さんなどの「自由で過激な世界」、そしてこの「洗練された歌もの」という好対照の世界で、ポンタさんの両輪が回っているとあらためて感じます。

好対照だからこそ〝芝居〟ができたんじゃないかな。俺の中では、どっちが自分らしいってことでもなく、こういうサウンドなら自分はこう演るって無意識に反応しちゃう、そういう時代だよね。今回もらった資料を見たけど、あらためてこの時代のぐちゃぐちゃ加減がわかったよ(笑)。

――振り返れば70年代でも、深町純さんと『驚異のパーカッション・サウンド』を作りながら吉田美奈子さんと「永遠に」、山下達郎さんと「CANDY」を演っていたわけですからね。ただ、80年代に入ってからのポンタさんの好対照の構図は、その単なる〝80年代版〟とは思えないんです。やはり〝新しい時代〟に入ったというか、ヘッド・アレンジの時代を通過したミュージシャンが、あらゆる忖度《そんたく》の上で〝バックを固める〟という演奏に聴こえます。

作り方が固まってきて、AOR系のひとつの〝様式美〟ができてきた時代でもあるよね。今回『SEA BREEZE』と一緒に資料として渡されたEPOの『Vitamin EPO』（83年）とか（清水）信之の『エニシング・ゴーズ』も聴いたけど、俺、〝AORドラマー〟だな（笑）。これでよくWha-ha-haとか山下さんを、それっぽい面《ツラ》して演ってたよね。

――ご自身で〝AORドラマー〟とは、今までに聞いたことがない発言ですね（笑）。

いや、すごいAORドラムだよ。これからそういうことにするわ（笑）。特にスネアの音がいい！

今回あらためて『T'S BALLAD』（85年）も聴いたけど、（1曲目「Overture」メドレーの最初の）「Still I'm In Love With You」の、あのスネアの音がね、当時の日本の録音状況で録れたんだから、もしあれをロスで、トミー・リピューマなんかが録ったら、ジェフ・ポーカロよりいい音してるよ。音色に関しては絶対そう思う。それだけでAORドラマー（笑）。

――（笑）。確かにその3枚もこの時代の名盤だと思いますし、その中でポンタさんがよくおっしゃる〝歌にそぐう〟ドラムが、まさに完璧に歌にそぐっていると個人的には感じます。よく言う「何も足さない、何も引かない」と表現したくなるような。

そういう時期だったんだな。削って削って様式美を自分で勝手に作っていったっていう。

――〝削る〟、〝引く〟という意味では、山下達郎さんの『SPACY』(77年)のときには、前作『俺が叩いた。』で細野晴臣さんの空間の多いベースの影響が大きかったとおっしゃっていましたが、この時期の〝引き方〟ってまた違うんですか?

やっぱり、それこそ『SPACY』とか『イッツ・ア・ポッピン・タイム』(78年)とか、そのへんがスタートなんじゃないかな。松木(恒秀)さん、(坂本)龍一、佐藤博、岡沢章、吉田美奈子とやったあの『ポッピン・タイム』で、ほぼ〝こういう系〟が見え出したんだと思う。その六本木ピットインのライヴを、角松は学ランで観に来てるわけだからね。

――過去の作品を振り返ることはほぼないというポンタさんですが、この『SEA BREEZE』は、2016年の角松敏生さんの35周年ライヴ[註1]でアルバムA面1曲目からB面ラストまでを曲順どおりに再現するコーナーに参加しているだけに、最近あらためて振り返られたことと思います。

このアルバムも、音楽業界的に言えば『イッツ・ア・ポッピン・タイム』と同じくらいエポックメイキングなアルバムだったんじゃないかな? 角松が達郎のサウンドから発展させて、ひとつ自分なりの方向性を作った最初のアルバムなわけだけど、デビュー・アルバムでこれだけのものを自分の中で固めてたっていうのは尊敬に値するよ。そもそもアイツは、ロスとかニューヨークの音楽にもむちゃくちゃ詳しかったからね。実際、これ以降のアルバムで向こうのミュージシャンを使ってるしね。1回、俺だけロスまで行って、[註2]ティム・ボガートとジェイ・グレイドンとジェフ・ローバーなんかの中に入って録ったアルバムもあるし、[註3]スティーヴ・ガッドが好きすぎて実際ライヴに呼んだこともあるしね。

――角松さんが若い頃から聴いてきた音楽の中にあったスティーヴ・ガッドの面影を、そのあと折りに触れてポンタさんに投影している部分もあったのではないでしょうか？

　俺、そもそも〝誰々みたい〟っていうドラマーが一番嫌いだから、一時期〝日本のスティーヴ・ガッド〟なんて言われて心外だったけど、やっぱり70年代にニューヨークであれだけツイン・ドラムをやったり、一緒にサウンドを研究したりしたわけだから、当然身体の中に〝入ってる〟わけよ。〝ドバラドタチタチ〟だって、スティーヴの影響の方が大きくて、のちに仙波さんが同じような音符をやってることにビックリしたくらいだからね。角松はスタッフあたりもガンガンに聴いてきたわけだから、そういうドラマーが欲しかったんだと思うし、そこで俺とスティーヴがダブったんだろうね。俺はちょっとフュージョンがかってるし、ジェフ・ポーカロほどモロＡＯＲじゃないから、ぴったりだったんじゃないかな……だって、のちにインスト・アルバムを作るくらいのヤツだからね。それに、『SEA BREEZE』のレコーディングで連れションしたときに俺が声を掛けたっていうのも大きいだろうし。そこから距離感が縮まって〝兄貴〟って感じで慕ってくれるようになったから。

——なぜ声をかけたんですか？

とにかく最初は〝二番煎じ〟って感じでイジられてさ。まぁ才能があるヤツってそういうやっかみを受けることが多いんだよ。で、レコーディングのとき角松がちょっと硬くなってるように見えたから、たまたま連れションしたときに「いくらでも歌い直すことはできるし、いいところはそのまま使えばいいんだし、いつもと同じ感じで歌った方がいいよ」って言ったんだよ。

——では1曲ごとにうかがっていきます。まず「Dancing Shower」、これは譜面ですか？

そう、アルバム全部、譜面だよ。この曲は、当時（3拍目にスネアが2発入る）〝ズッズッタッツッタァンタァン〟なんてビートは珍しかったけど、角松の中でこういうビートのイメージがあったんだろうね。で、俺はそういうビートを実際にニューヨークで聴いてるわけだから、譜面見て角松に「こういう歌い方？」って聞いて、もうOKって、ものすごくスムーズだった記憶がある。角松もこれで、俺のことを、何か言ったらパッとわかってくれる人って思ったんじゃないかな。ただこのフレーズって、この曲以外まずないから、35周年ライヴのときに久しぶりにやってみて「あれ?」って（笑）。レコーディングのときはずいぶん自然にやったんだなと思った。それくらい、当時はドラマーでも「お！こんなビート!?」って思ったヤツが多いと思うよ。

――しかもビートがハネていますから、ややもするとハネすぎて落ち着かないビートになりやすいところ、ポンタさんはドッシリとステイしていますよね。ヴォーカルはものすごく歌いやすいと思います。

俺の個性として、逆に思いっきりハネるのって苦手なんだ。なんか恥ずかしいんだよね（笑）。俺がハネるとその〝中間〟っぽくなる。だからこの曲のビートが合ってるんだ。さっき言ったビートも（16分で感じて）〝ズンズクタッツク タァ⤴ンタァ⤴ン〟なんて演ると曲が浮いちゃうから。そうじゃなくて、（8分で感じて）〝ズッズッタッツッ タァウタァウ〟みたいな感じ。なおかつスネアのピッチもミディアムくらいの音色だと、ビートが落ち着くしね。

――3曲目「Summer Babe」は、[註4]２０１６年盤のライナーノーツには「ラストのサンバの部分だけ別日に録った」と書いてありました。で、ベースはサンバの前までは後藤次利さんで、サンバからは富倉安生さんだそうです。

それは記憶がないなぁ……。しかも次利がプレイヤーで弾いてるのは記憶にあるんだけど、資料を見たらこのアルバム、編曲までやってるんだね。しかも「Still I'm In Love With You」を次利がアレンジしてるって今回初めて知った。

――次利さんとは、現在も八神純子さんのバンドが継続中の長年の相棒ですし、富倉さんはこのあとEPOバンドで新たな相棒となりますが、まず、次利さんのベースはポンタさんにとってどういう存在ですか?

(70年代の)サディスティックスって4人それぞれが作曲してアレンジしてたけど、次利の曲のレコーディングは、幸宏じゃなくて俺が多かったんだ。でもずっとベッタリ付き合ってきたわけじゃないから、『SEA BREEZE』のときもそれぞれスタジオ・ミュージシャンとして呼ばれて「お〜久しぶり!」って感じよ。角松の好みからすれば、普通なら岡沢章か高水(健司)だと思うけど、このときは志熊(研三)っていうアレンジャーが入ってたから、次利だったのかもね。もちろん角松がティンパンの連中を尊敬してるからっていう人選もあったとは思う。

次利は、(高橋)ゲタ夫と並んで、世界にひとりしかいない断トツにユニークな存在だね。ルート弾かないなんてザラだから。弾き方も、いわゆる普通のベーシストとは違って、ベースを立て気味にして指をあまり動かさずにムニュムニュ弾いてるし、良い悪いなんて関係ないの、とにかく面白いんだよね。でも歌もののとき、特に純子ママ(八神純子)のときはもうちょっとルート弾いてほしい

（笑）。まぁ、次利はもともとギタリストだし、ホントに耳がいいから、（佐藤）準のガッツリしたキーボードの上で動き回ってるんだけどね。「Summer Babe」でも（16分で歌う）〝ダガドゥグダガドゥグバッバァ〜〟みたいなフレーズ（CD TIME：1分29秒〜）は妙に印象に残ってるなぁ。

——一方、富倉さんは？

富ヤンは、そもそもチト河内さんのハプニングス・フォーってバンドに出入りしてた人だけど、俺にとっては、このアルバムにもコーラスでクレジットされてる松下誠とドラムの宮崎（全弘）とやってた〝Paradigm Shift〟ってバンドが好きで、しょっちゅう観に行ってたんだ。たぶんそこで初めて話すようになったと思う。当時は俺、スタジオ・ミュージシャンの事務所にスケジュールだけ預けてブッキングしてもらってたんだけど、誠と事務所が一緒で、富ヤンも一緒だったの。狸穴坂の途中にあるマンションに事務所があって、作曲家もいっぱい抱えてたし、歌謡界のAクラスのスタジオ・ミュージシャンもほとんどその事務所だった。当時は富ヤンもスタジオの仕事をバリバリやってた時期で、MASHでも一緒だったから（清水）信之が呼ぶようになったのかな？

——松岡直也さんのグループですね。81年にはアルバム『MASH』も発表していますね。

そう、松岡さんが、ラテンなフレイバーを少し残しながらハードなバンドをやりたいっていうコンセプトで作ったグループだよね。（松岡が中森明菜に提供した）「Desire」みたいな、歌謡曲らしいロック・テイストなんだけど哀愁がある、松岡さんらしい曲が多かったけど、その音楽監督がほぼ信之だったから、『SEA BREEZE』でも信之が呼んだのかもしれない。で、このメンバー（ポンタ／信之／富倉）はEPOバンドにもつながっていくからね。「Summer Babe」のラストのサンバもMASHの流れなんじゃないかな？

——ポンタさんは、角松さん35周年のスペシャル番組[註5]にコメント出演されて、角松さんのことを「いいインストゥルメンタリストを見つけるのがうまい」と言っていましたね。

角松本人が、そういうインストゥルメンタリスト志向があるし、ミュージシャンが本当に好きで、ティンパンの連中にしても、小坂忠さんまで含めてものすごくリスペクトしてるからね。だから俺も、角松とは〝ドラムとヴォーカリスト〟じゃなくて〝ミュージシャン同士〟の付き合いなんだよ。

ちなみに、さっき言った事務所は、エンジニアの内沼（映二）さん達のグループ（ミキサーズ・ラボ）ともよく一緒に仕事をしてたんだ。内沼さんはもうずっと角松のエンジニアで、大御所中の大御所。日音スタジオとかSound Valleyなんかの主任エンジニアで、ホントにAORらしい、沼さん独特の音がするんだ。当時沼さんの同僚だった青山ってエンジニアとタッグで、一時代の音を作ったって言っても過言ではないよ。

歌ものの描き方

――そしてキました！「YOKOHAMA Twilight Time」の完璧な演奏ですよ。

俺にとってはもう、このアルバムっていったらこの曲だよな。まずよく覚えてるのが「〝ドバラド〟を一ヵ所は入れてくれ」って角松から言われたんだ（笑）。「どこに入れたろうかな〜最初から入れたらダサいしな〜」とかちょっと考えながら（笑）、このイントロの空間を空けたフィル、５テイクくらい録ったんだけど、結局「やっぱり最初のがいいな。ポンタさんはやっぱり野生（頭を使わない）の方がいいですね」って（笑）。

――（笑）。つまりＣＤで聴けるイントロは、ファーストテイクということですよね。

そうそう。でもここは難しいんだよ……ヘンに手数を入れるとあの〝間《ま》〟が生きない。ドラマーって埋めるのは楽なんだけど、どう隙間を縫って効果的な場所だけに入れ込んでいくかが肝なわけで、この曲はその極致だよね。ただ楽曲全体で見たときには、（そのフィルがＯＫかどうかは）自分だけでは判断できないから、外野の「そのテイクがいい！」って意見を信じるしかないんだけどね。

――こういうイントロを聴くと、やはり「LOVE SPACE」の絶妙なイントロを思い出してしまいます。

そういうものを角松も要求してると思うからね。本人は細かい要望を言い出したらたくさんあるんだろうけど、基本的には信頼して任せてくれるよ。

――イントロで印象的なのは〝ドバラド〟がいつもと違って少しハネているように聴こえるんです。

そこは訛っちゃったんだよ（笑）。それが逆に新鮮で「これ、取っとこう」って。

――しかも、よく数えてみたら3拍目のアタマから使っていますよね？　これは初めて聴いたような気がします。

そう、3拍目から〝ドバラド〟を2回使うことなんてほぼないから、出る拍数もあって、いつもと違うドバラドに聴こえるんだよ。もし3拍目から出たとしても普通は1回しかやらないから、ここは2回いこうってちょっと狙ってやったら訛っちゃった（笑）。それがウケたんだ。

――先ほど〝完璧〟と言ったのは、曲全体で、次にこの展開に行くとか、こういう流れに行くと促すポンタさんのあらゆるプレイが絶妙なのです。すべてのプレイが歌のストーリーを表現し、しかもそこに余計な言葉はひとつもないという。

それは言えるよね。当時としては、これだけポップによくAORできてると思う。言っておくけど、俺〝AORドラム〟だから（笑）。さっきも言ったけど、「Still I'm In Love With You」のスネアなんてまさにAOR。この音色しかり、何の文句もないよね。

──「Still I'm In Love With You」の描き方も見事ですね。バラードの描き方はポンタさんの真骨頂ですから。

こういうドラマーはあまりいないよね。矢沢（永吉）と昔「50歳になったら、バラードだけのコンサートをやろう」って言ったのも、そういうところだと思うんだ。俺は特に女性ヴォーカルからバラードで叩いてくれってオファーが多いんだけどね。

──バラードの描き方でひとつ特徴的だと感じるのはシンバルを多用しないことです。シンバルって盛り上げるために安易に使えるものですが、ポンタさんは勘所でしか使わずに、さらに次の小節アタマの1発目のクラッシュを打たないことも多々ありますよね。

もう自然にやってるよね。歌詞をあらかじめ知っててドラムを叩けば、普通はそうなるはずなんだよ。逆に、起承転結の「結」の最初でこの言葉を聴かせたいっていうときに、シンバル・クラッシュ

1音でそれを掻き消してるドラマーが多すぎるよ。

――先ほどの番組の中では、「自分の中に歌ものとインストゥルメンタルを切り替えるスイッチがある」とおっしゃっていました。具体的にどういうスイッチなんですか？

まずタッチが全然違うし、スピード感が違うよね。

――言葉に乗せるためのドラムというものは、ドラムをどう発音させるかで言葉とのマッチングがまったく違うんですね。

それはものすごく大きいし、例えばインストばっかり集めた『SHE IS A LADY』（87年）と聴き比べたらわかると思うけど、〝点〟（打点の面積など1音1音の性質）がまったく違うから。もちろん、そんなこと意識して叩いてるわけじゃなくて、自然とそうなるんだよ。

――これは余談ですが、この「Still I'm In Love With You」、のちに初期バラードを集成して85年に発表した『T's BALLAD』の1曲目「Overture」[註6]メドレーの中に入っていますが、『SEA BREEZE』のテイクとは違い、一ヵ所4拍目のスネアが抜けている場面があると友人から教えてもらいまして……（と言って実際に聴いてもらうと……）。

……４拍目入ってないね。俺、サビが終わってA‐A‐B‐AのAに戻るとき、わざと２拍目のスネアを抜いたり、昔聴いたマーヴィン・ゲイの「I Want You」がカッコよくて４拍目を抜くってことは、計算づくでけっこうやってたの。でも、現場の判断で「やっぱりあった方がいいね」っていう場合は、別チャンにその1発だけ入れてもう1回録って（トラックダウンのときに）足すんだよ。だから、このアルバムでは別チャンを足してるけど、『T'S BALLAD』の方は、焼き直したときにそのチャンネルを活かさなかったっていう可能性もあるね。

４拍目に入れないっていうのは、もう〝パパ〟（「I Want You」を叩いているジェイムス・ギャドソン）の芸術品だよ。ドリカムでも、マサ君（中村正人）がそういうアプローチが好きだから、よく使ったよね。

ポンタ流ＡＯＲスネア・サウンドの作り方

――楽器についても聞かせてください。ミディアム・ローのスネア・サウンドはポンタさんの中でも70年代後期からすでにあったもので、歯切れが良くて、どちらかというとデジタル・サウンドと相性が良かったという印象ですが、この80年代ＡＯＲサウンドはローに深みと包容力がありますよね。

こういうサウンドに本当に凝り出したのは、美奈子の一連のアルバム（『ＭＩＮＡＫＯ』［75年］、

『FLAPPER』［77年］など）から『ポッピン・タイム』のあとなんだ。そこまでは本意の音じゃなくて、ヤマハの試作[註7]で桜の木のドラムとかエヴァンスのヘッドが、ああいう甘いサウンドにしかならなかったから、あえて裏を抜いちゃったり（ボトム・ヘッドを外してシングル・ヘッドに）してたけど、パールのモニターになってレモのコーテッド・エンペラー（ヘッド）に出会ったのが大きくて、24歳のときにニューヨークでスティーヴ（ガッド）と試しまくったスナッピーの調整法とか裏（スネアサイド・ヘッド）の張り具合とかミュートの仕方に、コーテッド・エンペラーはピッタリだったんだ。

――それが角松さんから必ずオファーされるというスネア、フリー・フローティング・コパーですね。

（深さ）5インチか6半（深さ6.5インチのこと）は角松から必ずオファーされたね。でも、最初期のコパーが一番良くて、レンタルで（パールの倉庫に）残ってるボディ（胴）だけ十何個かき集めてもらったこともあるもん。「これで一生もつな」と思ってたんだけど、たまに「ポンタさんってライヴでもレコーディングみたいな音がしますよね？ あのスネアの音、どうやったら出るんですか？」なんて聞かれて、調子こいて「じゃあ、持ってけ！」なんて他人にあげてたみたいで、気づいたら手元に1個しか残ってないの……。

コパーの5インチって、ほぼミディアム・ローくらいのピッチにすると、あのAOR独特のいい音がするんだ。（インスト・アルバムの）『SHE IS A LADY』では、ミディアム・ハイくらいのピッチにしてリング・ミュート噛まして、[註8](オープン・リムショットで)ダイキャスト・フープにスティックをわざと少し当てて使ったりね。少し線が細くなるんだけど、これまた独特の〝カッ カッ〟っていうサウンドで、それも角松のご指名なんだ。それに対して、バラードのときには絶対にリムには(スティックを)当てない。

６半は5インチより少し高めのピッチにして使うと、ヘッドを張り気味にしている分アタックは出ちゃうけど、深さがあるから実際低く聴こえてサウンドに深みが加わるのがまたいいわけよ。例えば『T'S BALLAD』の「Ramp In」は６半だし、角松の35周年のライヴのときも「Ramp In」のときだけ６半に替えてるよ。

――5インチの打面をミディアム・ローにした場合、ボトム側はどれくらいのピッチにするんですか？

全体的に普通に張りめにしておいて、スナッピーの周りの４本だけ、もうベロベロになるくらい緩めるの。ネジが落ちるくらい。で、スナッピーは、最初ゼロ(開放)の状態からだんだん締めていって「ザァー　ザァー……ザァ　ザァ……ザッ、ザッ……ザ、ザ」までいったら、そこからさらに締めていくと「ザ、ザァ、ザァ、デ、デェ、デェ、デェ〜、ベェ〜」ってなっていくんだ。俺がその頃やってたベストのやり方はソレだよね。

――それはご自身で編み出したんですか？

うん。だって、ホントによく、あーでもないこーでもないってスネアをイジってたからね。ただこの方法のひとつ欠点は、ライヴ中、叩いてる間に（緩めた）ボルトが床に1～2本落ちたりするんだよ（笑）。でも、他の6本は締まってるわけだから大勢には影響なくて、逆にしわが寄るくらい緩めないとあの音は出ないってこと。

ちなみに、6半の場合は、（ボトム・ヘッドは）5インチよりもちょっと張り気味かな。そうしないとベタベタになりすぎちゃうから。

――かなりの企業秘密ですね（笑）。では、このレコーディングのセットは、時期的にもワインレッドですか？

そう、あの〝おかえりなさいライヴ〟[註9]のときのラッカーのワインレッドを絶対使ってると思うんだよ。基本的にタムは前ふたつ10＋12インチで、フロア1個（16インチ）で、曲によってせいぜいフロア（14インチ）を1個増やしたくらいじゃないかな。それか、スティーヴみたいに14か16はタムとしてスタンドに吊るしてたか、だね。

――最後に、このアルバムはポンタさんの中でも印象深い1枚ということですね。

そうだね。角松と出逢ったってことも含めて、ある意味では出来るべくして出来たアルバムだと思う。あらためて聴き直しても、俺、すごく自然なプレイしてるもんね。

註1　角松敏生の35周年ライヴ
2016年7月２日、横浜アリーナにて行なわれた“TOSHIKI KADOMATSU 35th Anniversary Live～逢えて良かった～”。本アルバム『SEA BREEZE』の完全再現を含む16曲の“ACT 1”と、2014年作『THE MOMENT』収録の20分におよぶ「The Moment of 4.6 Billion Years」や、98名のクワイヤが登場した「Get Back to the Love」をはじめ、80年代を代表するバラードやインストで構成された“ACT 2”が披露された。

註2　ティム・ボガートとジェイ・グレイドンとジェフ・ローバー
1989年発表の『REASONS FOR THOUSAND LOVERS』のこと。

註3　「スティーヴ・ガッドをライヴに呼んだ」
2006年“TOSHIKI KADOMATSU Player's Prayer”のツアー・ファイナル、12月16日、中野サンプラザホール公演に、同年7月発表のアルバム『Prayer』にも参加したスティーヴ・ガッドをゲスト招聘した。

註4　『SEA BREEZE』2016年盤
当時のアナログ・マルチ・マスターテープを完全デジタル・アーカイヴ化し、バッキング・ミュージシャンのトラックはそのままに角松敏生がヴォーカルやコーラスなどをリテイクし本人がリミックス、さらにボーナス・トラック「Last Summer Station」を追加したDisc1と、当時のミント状態のアナログ盤をレーザー・ターンテーブルでアーカイヴし高品質CDとして生まれ変わったDisc2の2枚組による『SEA BREEZE 2016』。

註5　「角松敏生35周年のスペシャル番組」
2016年3月～5月にかけてBSフジで３回放送された『角松敏生　音楽の中の邂逅』。

註6　「４拍目のスネアが抜けている」
『T'S BALLAD』１曲目「OVERTURE」のCD TIME 3'00"～部分。

註7　桜の木のドラム

註7　桜の木のドラム
ポンタが1975年頃から77年頃まで使用していた桜の木をドラムシェルにしたヤマハの試作品で、上写真のように、外側にはこげ茶色のビニールレザーを巻き、内側にも高域の倍音を止めるために重めのカバリング・セルを貼っていた。

註8　オープン・リムショット
スティック先端でセンターを叩くのと同時に、スティックの手元付近でドラムの金属枠(リム)を同時に叩く奏法。

註9　“おかえりなさいライヴ”のときのラッカーのワインレッド
別荘生活中からパールの担当者と何度もやり取りして完成させた、カバリングではなくラッカー（塗り）仕様のメイプル・シェルのGiant Stepシリーズ。下の写真は、復帰後、六本木ピットインでの“おかえりなさいライヴ”の際に、パールの1981年vol.1カタログ用に組んだ多点セット。

第4章

大空はるみ

はるみのムーンライトセレナーデ

大空はるみ

はるみのムーンライトセレナーデ

◉

1982年5月 発売

［Song List］

1. TED TUXEDO NO THEME
2. はるみのムーンライトセレナーデ
［作詞：Michell Parish　作曲：Glenn Miller　編曲：清水信之］
3. FROM THE MOON BACK TO THE SUN
［作詞：大空はるみ　作／編曲：今井裕］
4. LAZY GIRL
［作詞：安井かずみ　作曲：加藤和彦　編曲：清水信之］
5. WEEKEND
［作詞／曲：大貫妙子　編曲：清水信之］
6. TED TUXEDO NO THEME
7. 壊れたハートの直し方
［作詞：安井かずみ　作曲：加藤和彦　編曲：清水信之］
8. TODAY
［作詞：安井かずみ　作曲：加藤和彦　編曲：清水信之］
9. ROMANCER
［作詞／作曲：大貫妙子　編曲：清水信之］
10. 雨……
［作詞：大空はるみ　作／編曲：大村憲司］
11. MELANCHOLY BLUES
［作詞：大空はるみ　作／編曲：大村憲司］

［Musicians］

清水信之 (key)
高水健司 (b)
村上秀一 (d)
大村憲司 (g)
土方隆行 (g)
鈴木 茂 (g)
浜口茂外也 (per)
Jake H. Concepcion (sax)
村岡 建 (sax)
砂原俊三 (sax)
数原 晋 (tp)
新井英治 (tb)
クリス・モスデル (vo)
タイムファイブ (vo)　etc.

・Producer：加藤和彦
・Engineer：大川正義／森本まこと
・Recorded at 一口坂スタジオ

[Ponta's Drums Kit]

◎ **Drums**：PEARL President Export（white）, Cannon Toms, REMO Roto Toms, and Simmons, many other items

きっかけは赤坂のクラブのハコバン

――大空はるみ、つまりＴＡＮ ＴＡＮ[註1]さんとの最初の出逢いは、前作『俺が叩いた。』でもおっしゃっていたように、ポンタさんがスタジオ・ミュージシャンとして多忙を極めた75～76年頃、夜な夜なやっていた赤坂のクラブでのハコバンということになるんですよね？

そう、ダンスホールもあったいい店でね、あんな超忙しい時期に寝る時間を削ってよくやってたよなぁ。朝10時から夜7時までいろんなスタジオ回ってレコーディングをやった後、7時半から夜中の1時半くらいまでハコバンやって、それから飲み始めて、翌朝10時にはまたスタジオ入って……って、〝いつ寝てんだ？〟みたいな生活だった（笑）。そもそもは松木（恒秀）さんがその店でハコバンをやってて「ポンタ、〝ハコ〟やるぞ」って誘われたんだけど、演奏を観に行ったら、マイクって黒人のベースがチョッパーやってたり、ＫＵＤＵ（ソウル系中心のＣＴＩのサブレーベル）から出てたエスター・フィリップスの新しいアルバムの曲なんかをガンガンにやってて、そのヴォーカルがＴＡＮ ＴＡＮだったの。ソウル界ではものすごくうまいって超有名な、俺らよりキャリアの古い日本で指折りの本格的なソウル歌手で、英語の発音も良いし、レコーディングでもコーラスで引っ張りだこだった。実際、観に行ったときも、松木さんに言われる前に、俺が「松木さん、ハコやりましょう！」って言ったくらい（笑）。

――ハコバンはどういうメンバー構成だったんですか？

当時〝ブラウン・ライス〟っていうアメリカで活動してた日本人のバンドがあって、惣領（泰則）君ってリーダーがいてドラムは市原（康）さん、キーボードは松木さんの仲間で江夏健二さんっていうすごいプレイヤーでさ、彼らがもうすぐ帰ってくるって話を聞いたから「キーボードは江夏さんを入れよう」って話もしてたわけ。で、ベースは当然（岡沢）章だと思ってたんだけど、スケジュールが合わなくて、松木さんの親友だった森（理）を入れて、結局キーボードも深町（純）になったんだよね。ホーンはスペクトラムの新田（一郎）とかウィシングの武田（和三）なんかもいて、このバンドは実験的なことをいっぱいやってたんだ。しかもよくペッカーとか（高橋）ゲタ夫とか（斉藤）ノブとか（清水）信之なんかも遊びに来てて、信之がトノバン（加藤和彦）の弟子みたいなもんだったから、そこでTAN TANとつながったんだな。〝大空はるみ〟って名前に変えたのは、トノバンがプロデュースしてからだからね。戦後の流行歌をやりたいってことで〝大空はるみ〟って名前にして、服装[註2]もモボ・モガみたいなコンセプトで作ったのがこのアルバムだよね。

――本作は82年の作品ですが、70年代の諸作品とは、やはりポンタさんのプレイも音色もガラリと変化していますよね。

このアルバムはやっぱり加藤和彦っていう人のアンテナの鋭さがあると思う。トノバンは何でも先取りの人で、面白い音楽ばっかり探してたからね。ドイツのクラブ・シーンなんかも詳しくてさ、俺、ベルリン・ジャズ・フェスティバルに6回行ったけど、トノバンが遊びに来たとき、夜フェスが終わるとトノバンに連れられて何にも見えない真っ暗な建物の中に入って行ってくわけ。「うわぁ～やべぇな～」と思いながら中庭抜けたら、ものすごいディスコだった（笑）とか、そんなことがしょっちゅうあったよ。それに、ミュージシャン自体も貪欲に世界に目を向けてる時代だったし、このアルバムでも（サウンド的に）ボトムに流れてるのは、プエルトリコの〝キッド・クレオール&ザ・ココナッツ〞みたいなニュアンスなんだよ。見た目はズート・スーツなんかを着たギャング風で、大編成のバック・バンドはけっこうジャズのニュアンスもあるんだけど、ビートはディスコなの。俺、今聴いても好きだもん。センスが抜群だからね。あとこのアルバムは、フランスのクレイジー・ホースのストリップ・ショウみたいな流れもすごく感じるし、クリス・モスデル（イギリス人プロデューサー）も入ってイギリスの感じもするし、で、そういうものをさらに〝テクノ〞で味付けしてるんだよね。

――このアルバムのレコーディングの手法や音の〝積み方〞などは、まさに70年代から80年代の過渡期的なものになるのではないでしょうか。

ドラムは生と打ち込みを使い分けてるから、１曲通してドラムセットを使った曲ってないと思うし、例えば「はるみのムーンライトセレナーデ」とか「ROMANCER」なんかでベードラの〝ドゥンッドッドッドン～〟ってパターンが入ってるけど、それはベードラじゃなくて、マレットでシモンズのパッドを叩いてるんだ。そういう〝バラ録り〟もかなりやってたり、新しいレコーディング・システムをすごく楽しんでやってたよ。

――サウンドは、全体的に80年代の幕開けという印象です。

でもね、昭和の匂いもするんだよ。笠置シズ子さんとかね。

――それがコンセプトの中心にありつつ、ドラムもサウンド自体がジャキジャキしていたり重厚感があったり意図的に余韻を切っていたり、いろんな音楽／時代の要素をガンボした印象です。

そうだね。トノバンの一派って18インチのハイハットが好きで、このアルバムでもいっぱい使ってるし、ノーマルの14インチは使わずに12インチを使ったり、そういう遊びが満載ですごく斬新だった。それもトノバンだからこそできたんだけどね。

生音はむしろ〝隠し味〟

――さて、今回あらためてアルバムを聴き直していただいて、どんな印象ですか？

さっきも言ったけど、トータルで見るとやっぱりキッド・クレオール＆ザ・ココナッツのニュアンスが脈々と流れてるよなぁ。ただ1～2曲目の流れでずっと行くんじゃなくて、どんどん変化していって、ある種〝雑多〟な感じもあるけど、このアルバムはこれでアリかなとも思う。曲想をここまで広げて、かつ1枚のコンセプト・アルバムに収めるっていうアイディアは、当時あんまりなかったんじゃないかな。

――「はるみのムーンライトセレナーデ」は、非常に加工されたドラム・サウンドですが、そもそも音源を鳴らしているのか、録った生音をあとで加工しているのか、どちらですか？

どっちもだね。さっき言ったベードラのパターンはパッド（を叩いて音源を鳴らしてる）だし、18インチのハイハットもバラ録りしておいて〝ジージッジッ～〟みたいに加工してるはず。生音はむしろ〝隠し味〟として使ってるからこそ、それが面白かったんだよ。だからドラムセットを叩いてるのは終盤のソロだけだよね。当時俺ら、マイアミのオシャレなクラブのしっとりした大人のディスコっていうのも経験してるから、この曲のビートの基本（〝ドゥ〜ンドゥッドゥッドゥン〜〟というキックのパターン）はソコなんだけど、それが妙にグレン・ミラーっぽかったから、ソロでは手数100分の1のジーン・クルーパをやってるわけ（笑）。

――確かに最後の4バース・ソロはまさにジーン・クルーパですが、3回し目には、やはりポンタ節が炸裂して強烈なトリック・フレーズになりますね（笑）。

　このソロ、わざわざ一口坂スタジオの一番広いスタジオにガシャガシャな音のセットを持ち込んで、マイク2本でアンビエンスだけで録ったんだ。当時は信之がアレンジのときにはほとんど一口坂スタジオだったけど、大川（正義）さんっていうエンジニアがすごく新しモン好きで、レコーディングのときにも、まぁ〜いろいろ遊んだよね。ちなみに俺の『THE RHYTHM BOXER』（85年）も、そのスタジオでアンビエンス・マイクを立てて録ったんだよ。

――ちなみに、このアルバムでメインで使ったドラムセットは？

　この頃はパールの白のセット（President Export／ファイバーグラス）を使ってたと思うな。あとはシモンズのパッドとロート・タムなんかも使ってるけど、ほぼ全部バラ録りだからね。あと、当時は（深さ）8インチくらいのスネアをよく使ってたから、このレコーディングでも使ってるはずだよ。

――なるほど、確かに超ローピッチのスネアが要所で聴けますね。特にカリプソの「LAZY GIRL」やボサノヴァの「TODAY」では、ベロベロなほどのローピッチ・スネアでロールが入りますが、それもバラ録りですか？

それもバラ録りだね。ただこんなローピッチだと、返り（リバウンド）がなくてダブル（ストローク）なんて絶対使えないから、シングル[註3]でロール打つしかないわけ。あと、16インチのクラッシュをわざと回転数を変えて録ったりもして、奥の方で30インチくらいのシンバルがずぅーっと鳴ってたり（笑）

――まぁ銅鑼みたいなニュアンスだよね――、トノバンはいろいろ足して構築するのが大好きだったから。俺の『PADANG RUMPUT』でもほぼバラ録りだったし、回転数を変えたりもしたけど、全体の組み立てが見えていれば、あとは音さえ決まればレコーディング自体は1テイクか、せいぜい2テイクだからね。それに当時は、信之が仮でコードを弾いてくれて、ドラムから作っていくっていう作り方も多かったし。まぁディレクターなんかは何やってんだか訳わからなかったと思うけど（笑）。

――ただライヴで再現するのは大変そうですが。

大変だったよ。ライヴではペッカーとかゲタ夫が入るから、ペッカーと役割をいろいろ分担してた。でもふたりが入ったおかげで、全体的にラテン系にアレンジにしたのはよく覚えてるよ。そう思うと、このアルバムはなかなかいい曲が入ってるんだけど、ある意味、ちょっと大人すぎたんだなぁ。

——最後の２曲は大村憲司さんの作・編曲で、コンセプト・アルバムの中にあって異色なんですが、ある意味憲司さんらしい曲ですよね。「雨……」では、ポンタさんのクローズド・リム・ショットのパターンが、アタマを抜いたり入れたり、ランダムなのかと思いきや、実際は高水さんのベースとすべてピッタリ合っているのには驚きました。すべて書き譜だったんですか？

当時はグレース・ジョーンズに凝っててさ、俺はこういう（クローズド）リムのパターンってランダムにやることもあるけど、このときは高水と細かく決めて合わせてやったのを覚えてるよ。ちなみにこの曲、ハイハットもリムもバラ録りだよ。リムの音ってセットの中ではやっぱり弱いし、ちょっとでも打つ場所が変わると音程が変わっちゃうから、スティックに印つけたトコだけをひたすら狙い打ちしてバラ録りするんだよ。

ただ、けっこうバンドっぽい作り方もしてて、ちょっと録っては信之と相談して「次はこれをかぶせよう」とか、時間をかけて煮詰めていく贅沢なレコーディングをしてたんだよね。そういう時代だったんだけど。

——もうひとつ、この曲では余韻がまったくない超ハイピッチのタムがあったり、ロートタムっぽいダビングもあるように聴こえます。

余韻がないのは6インチの土管タムだね。あとロートタムもいっぱい使ったよ。ライヴではベー[註4]ドラまでロートタムのセットを使ってたくらいだからね。

——最後の曲「MELANCHOLY BLUES」は、アルバム・コンセプトから離れて〝ザ・80's〟とも言えるサウンドメイクですね。

そうそう、見方を変えたら、このあとの時代のサウンドを示唆しているところがあるよな。

——それこそ、イギリスのニューウェイヴっぽくも聴こえますし、サビなんかはＬＡメタルとも言えるサウンドですよね。

そうなのよ。当時、憲司はどんどんイギリスに傾倒していってる頃だしね。でも〝アメリカ〟とか〝ロサンゼルス〟っていうアイツの本質がやっぱり出てるんだよな。

——加藤和彦さんをはじめとして、このアルバムに参加したミュージシャンそれぞれが、先取りした海外の音楽や手法を持ち寄って、好奇心と遊び心を持ちながら作り込んでいる様子が伝わりますね。

そういうことを、当時の良い意味でバカなプロデューサーとミュージシャンが嬉々としてやってた、こういう〝バラ録り〟の世界が、今ほとんど知られてないんだよな。若いドラマーもこういう視点でドラムを考えると、まず単体のフレーズが、どういう単位の音符で成り立っているのか？っていう音符自体の確認になるから、すごく勉強になると思うけどね。俺ももちろん場面にそぐう範囲で好きなこと叩いてるけど、そのためには莫大な量の資料を聴いてて、それぞれからピックアップしたものをまたくっつけたりしてるわけで、いろんな音楽を知りつつ、そういう作業をやるっていうのは、特に打楽器奏者にとってはすごく重要だと思うし、そうすることで、ドラム自体に関してまた違う方向性ってものが見えてくるんじゃないかな。結局は〝表現力〟の問題ってことなんだよ。

註1／TAN TAN（大空はるみ）

本名、谷口妙子。そもそもは70年代初期に金子マリや亀渕友香らとコーラス・グループ“LOVE”を組んでいた実力派シンガーで、森野多恵子としてデビュー後、TAN TAN名義でのソロ活動ではアメリカ・レコーディングによる『Trying To Get You』（78年）も発表。プリズムや高中正義の初期作、サディスティックス、松岡直也＆ウィシングなどでヴォーカル、コーラスなども務めていた。大空はるみ名義で本作『はるみのムーンライトセレナーデ』と『VIVA』（83年）を発表後は、音楽学校で後進の指導にも当たっていた。98年、50歳の若さで逝去。

註2／「モボ・モガみたいなコンセプトで作ったアルバム」

アルバムのジャケットには、プロデューサー加藤和彦氏が「大衆音楽《ぽっぷす》」というタイトルで以下の文章を寄せているが、これが我々に本作のコンセプトをズバリ示唆してくれるだろう。

「いわゆる大衆音楽（ぽっぷす）というものは移り変わってきたが、風俗と密接な関係を保ってきたという点に限れば1930〜1950年頃が一番華やかであったのではなかろうか。少なくとも私はこの時代の音楽にすごく魅かれるのであるが、いわく、タンゴ、ルンバ、マンボを始めとするラテン系のものとジャズが渾然一体となってこの時代の音楽の色を作り出してきた。大空はるみの歌を聞いていると、丁度その頃の日本人の歌手達が持っていた和洋折衷のいわゆる“バタくさい”雰囲気というものを見事に現代に映し出していると思う。それがノスタルジーというようなものでなく、現代に至るまでの大衆音楽のすべてをミックスしたそのスタイルはすごく斬新だ。すべてが画一的に成り行く今、こういう方向性はすごくロマンティックだ。大空はるみという名前がそうであるように、日本のポップスの開祖たち、笠置シズ子、江利チエミ、雪村いずみなどのように、名前自体が響きが良いというのも面白さだ。大空はるみの歌は古いものではなく、新しいものでもなく、時代の綾が作り出したすてきな織物みたいだ」。

ちなみに、モボ・モガとは“モダンボーイ”と“モダンガール”の略で、大正から昭和初期に、西洋文化の影響を受け新しい流行の先端を取り入れた若者の、主にファッションを指してこう呼んだ。

註3／「シングル・ストロークでロール」

ダブル・ストロークは、ショット時のリバウンドを利用して1ストロークで2発打つ奏法だが、ヘッドの張り方が緩い＝ローピッチだとリバウンドが利用できないので、1打ずつ速く叩いてロールにするしかない、という意味。

註4／「ベードラまでロートタムのセット」

8ページ写真参照。

第5章

EPO

Vitamin EPO

EPO

Vitamin EPO

◉

1983年4月5日 発表

［Song List］
（※各曲のクレジットはアディショナル・ミュージシャン、
楽曲特有の担当楽器）

1．VITAMIN E・P・O
清水信之：Arrangement, Rhodes Piano,
Guitar, Synthesizer, Harpsichord
EPO：Back vocals

2．土曜の夜はパラダイス
清水信之：Rhythm Arrangement,
Rhodes Piano, Guitar, Synthesizer
ペッカー：Percussion
宮田茂樹&EPO：Back vocals

3．無言のジェラシー
清水信之：Wurlitzer Piano, Arrangement,
Guitar, Vibes, Hammond organ（solo）
EPO＆安部恭弘：Back vocals

4．Would You Dance With Me?
清水信之：Rhythm Arrangement,
Dyno-My-Piano, Electric sitar,
Synthesizer, Guitar, Vibes,
数原 晋：Flugel Horn Solo
EPO：Back vocals

5．あなたを奪えない
大村憲司：Arrangement, Guitar
林立夫：drums
富倉安生：bass
中村哲：Rhodes Piano, Synthesizer
EPO：Back vocals

6．う，ふ，ふ，ふ，
清水信之：Arrangement, Rhodes Piano,
Guitar, Synthesizer, Percussion
大村憲司：Guitar Solo
EPO／大貫妙子／安部恭弘：Back vocals

7．PAY DAY
清水信之：Arrangement, Dyno-My-Piano,
Guitar, Synthesizer, Vibes
EPO：Back vocals

8．かなしいともだち
清水信之：Arrangement, Rhodes Piano,
Synth, Guitar, Percussion
EPO／安部恭弘／木戸やすひろ／比山 浩：
Back vocals

9．五分遅れで見かけた人へ
清水信之：Arrangement
清水信之&乾裕樹：Acoustic Piano (Four Hands)
EPO：Back vocals

10．BYE BYE BABY
清水信之：Arrangement, Linn Drums,
All Instruments
EPO／安部恭弘／木戸やすひろ／比山 浩：
Back vocals

All Songs by EPO
（except「BYE BYE BABY」by Bob Crew/Bob Gaudio）

［The Vitamin Band］

清水信之：Electric Piano, Synthesizer, Guitar,
Percussion, Linn Drums, Arrangement
乾 裕樹：Acoustic Piano, Strings&Horn
Arrangement（M2, 4）
村上“ポンタ”秀一：Drums
村松邦男：Guitar
富倉安生：Bass

・Produced by 宮田茂樹＆EPO
・Musical Supervision by 清水信之
・Visual Supervision by 牧村憲一
・Recorded by 佐藤康夫
・Remixed by 佐藤康夫／清水信之
他

[Ponta's Drum Kit]

◎ **Drums**：PEARL FX（Fiberglass）

年齢なんて関係なく、当時からずっと対等だった

——『Vitamin EPO』の話に入る前に、EPOさんの松原高校の先輩であり、本作でも〝Musical Superviser〟とクレジットされ、ポンタさんとは70年代後期から現在でも密な関係にある清水信之さんとの出会いについて聞かせてください。

信之は、俺が深町（純）バンドで下北LOFTに出てるとき、まだ学生でいつも外の階段で聴いてたから「あの若造、呼んでやれよ」って、当時はマック（清水）の弟だってまったく知らなかったんだけど、実際話すようになったら音楽の素養がものすごくて、深町がすごく気に入ってたんだよ。「こういう子がもっと出てこない今の日本はおかしい」ってよく言ってたくらい、とにかく引き出しが多くて、俺も正直こんなヤツがいるんだってちょっと驚いた。俺は、アイツが20歳くらいで出したファースト・アルバム（『コーナー・トップ』[註1]／80年）では1〜2曲しか参加してないけど、次の『エニシング・ゴーズ』[註2]（82年）は半分くらい叩いてるよ。信之って自分でもドラム叩くし、しかもけっこううまくてさ、「ジム・ケルトナー風にチューニングしといてください」なんて言われて、俺のドラムを何回も貸したことあるよ。しかも俺がわざわざ運んで引き取りにまで行くんだから（笑）。

――やはり、ドラムを叩くアレンジャー、コンポーザー、プロデューサーはひと味違いますよね。

（坂本）龍一もそうだし（山下）達郎もそうだしね。信之はドラムだけじゃなくてギターもうまいし、シンセでも、その使い方にとにかくセンスがあるんだ。もちろん龍一からの影響もあるとは思うけど、やっぱり一家言あるヤツだから、例えばイエロー（ＹＭＯ）と同じようなことをやっているようで実際は違うふうに聴こえるみたいな、しかもそういうことを遊びでできちゃうくらい余裕があったよね。若いけどそういうセンスに溢れたアレンジャーが出てきて、いきなり仲間になって、ホント、年齢なんて関係なかった。信之とは当時からずっと対等に付き合ってたっていうイメージだな。そもそもけっこう老けて見えたから、最初に会ったときは十代だったなんてわからなかったし（笑）、いきなりタメ口《ぐち》だったしね。今まで最初からタメ口なのは今剛と信之だけだよ。信之はいちおう〝ポンタさん〟だったけど、今《こん》は「さん」もなかったからね（笑）。

――（笑）。では、ポンタさんとＥＰＯさんとの出会いは？

俺と松木（恒秀）さんと岡沢章なんかのメンバーで、77～78年は達郎バンドでけっこうライヴをやってたんだけど、そのときに遊びに来てたのが最初だと思うんだ。そのときはＥＰＯもまだ高校生だったんじゃないかな？

――このアルバムやその後のライヴのバックバンドでもある〝Vitamin EPO Band〟はポンタさんにとっては珍しいつながりのメンバー構成だと思いますが、どのように集まったんですか？

詳しいことは思い出せないけど、村松っちゃん（村松邦男）なんかはシュガーベイブからの付き合いだし、青山のビクターのすぐ近くに行きつけの飲み屋があって、そこが俺らの溜まり場みたいになって、そこにＥＰＯもしょっちゅう来てたし、信之も乾（裕樹）もよく遊びに来てたしね。もちろん他でもしょっちゅう一緒に仕事してる連中ばっかりだから「そのうちに一緒にやろうか」みたいな話になったのかな？　ライヴもこのメンバーだしね。リーダーは信之で、ＥＰＯのサウンドは当然信之が主体で作ってたけど、信之って〝分析魔〟で、ミュージシャンそれぞれの個性……音色からフレージングまで、全部把握してるんだよ。だから、ある意味〝やらせる名人〟でもあるわけ。俺がアイツのことを理解してる以上にアイツは俺のことを理解してるし、アイツ、俺のフレーズ全部叩けるからね！　当時からもう見透かされてました（笑）。

当時は、ちょうどリンドラム[註3]が出た頃で、このアルバムでもリン（の打ち込みドラム）と組み合わせて俺が生ドラムを叩いてる曲もいっぱいあるはずだし、そういう、電子楽器とかバラ録りとか新しいレコーディング方法にもスッと対応できるっていう部分でも、俺は話が早かったと思うけどね。俺にとってもこのアルバムは、ほぼ好きに叩いて本当に自然に録ってできたっていう記憶があって、譜面が細かく書いてあってみんなで「ここのアレンジどうする？」なんてことはいっさいなかったはず。だから、メンバーも、このアルバムのために集まったんじゃなくて、その前にもう音は出してるんじゃないかな？　ホントにこのアルバム、あまりに自然だもん。実際「う、ふ、ふ、ふ」[註4]は資生堂のコマーシャルに使われて、アルバムより先に録ってるわけだから。

――このアルバムでも顕著ですが、この頃ポンタさんが録音するテイクに、それ以前に増して8ビートの割合がどんどん増えていきますよね。例えば1曲目の「Vitamin EPO」も8ビートを基調として要所で16のフィールを挟み込んで場面を盛り上げていく〝8ビート・ポップスの方程式〟のような展開を感じます。

そういうリズムの持っていき方は信之の指示かもしれない。この頃にも信之の影には加藤和彦さんがいたけどね。実際、レコーディングにも遊びに来てアコギまで録っていったりして……例えば『エニシング・ゴーズ』で松岡（直也）さんが入ってる2曲目（「Beach Dance」）でもアコギ弾いてるんだよね。このとき松岡さんが「このギターの人、よくわかってるね」って言ってたのをよく覚えてる。

――そしてまた、アルバムを通してキックの4分打ちが多いですよね。これもこの〝時代のビート〟として特徴的なものだったのでしょうか？

　このアルバムではそういうポリシーなの。そういう4分打ちのビートは俺の中では『はるみのムーンライトセレナーデ』（82年）からの流れっていうイメージがあって……どっちも加藤和彦さんつながりだからかな。トノバンはマイアミ・ディスコみたいなビートで昭和初期の歌をやりたいっていうコンセプトがあったから、『ムーンライトセレナーデ』と『Vitamin EPO』って、俺の中ではどこかつながってるんだよね。

――『ムーンライトセレナーデ』と『エニシング・ゴーズ』、『Vitamin EPO』の3枚は、音を聴くと実際どこか親戚っぽい感じがします。もちろんすべて信之さんが深く関わっている作品ですが。

　実際、裏では加藤和彦サウンドの影響が大きいと思うんだ。『エニシング・ゴーズ』も、もらった資料[註5]に「オーソドックスな昔の映画のサントラをテクノの手法でやったらどうなるか？」って書いてあったけど、特に『ムーンライト〜』と『エニシング〜』はそういう匂いがするもんね。こういうサウンド、今やっても面白いと思うんだけどなぁ。どうせ今やったらリズムの感じもサウンドもコード感も違うだろうし、また新しい感じで面白いサウンドになると思うけどね。

全部ひっくるめて、信之の才

——ここからはこのアルバムのドラムやビートに焦点を当てていきます。先ほど、象徴的に〝8ビート〟と言いましたが、『Vitamin　EPO』収録曲のビートをひも解いてみると、やはり〝エイト〟なんてひと括りにはまったくできませんよね。例えば「土曜の夜はパラダイス」でも、Aメロでは、単なる8ビートではなく、何層かの強弱のビートを組み合わせて〝ウラ拍でハイハット・オープンするひとつのディスコビート〟に聴こえるような作りになっています。

このビートはけっこうクセ者だよ。当時、4拍目ウラでタムに落ちる、そういうマイアミ・ディスコのビートが流行ったの。単純なビートではあるんだけど、エスニックでカリブ海とかいろんな要素が入ってるから面白くてさ、特にデューク・エリントンなんかを知ってるミュージシャンはしっくりきちゃうんじゃないかな。マイアミ・ビートってあまり細かくなくて大らかだから、かたや同時に山下洋輔さんとかWha-ha-haとかギンギンの仕事をしてる俺としては、安らぎがあったのかもしれない。EPOとかTAN TANとやってるときは「やっぱりこっちだよな〜」って（笑）。でも、山下さんのところに行くと「やっぱりこっちですよね！」とか言って（笑）。そこはコウモリの村上だからね（笑）。

――（笑）。そういう両極があるからこそ、一見平板だと思われる8ビートへのスパイスの効かせ方が光っていますよね。例えば「無言のジェラシー」でも、このゆったりとしたミディアム・テンポの8ビートをタムとフロアで構築するという。

これもマイアミ系だよね。俺の中では、いわゆる〝ディスコビート〟って言われるタイトなビートじゃなくて、やっぱりキッド・クレオール＆ザ・ココナッツの影響が大きくて、あのちょっとルーズでだらしない、重いんじゃなくて〝ちょっと遅い〟みたいなビートが病みつきになるわけ。

――「無言のジェラシー」はまさにそういう引きずったビートですよね。ただ〝ドンドコタッドコ〜〟という16分フィールが聴こえるので全然重くならない。

そうそう。〝重い〟とシャレにならないからね。この〝ギリギリの遅さ〟が、聴き手にとっては病みつきになるわけよ。

――そのギリギリの遅さに絶妙に乗るEPOさんのヴォーカルが素晴らしいですね。なんてこのビートに合うんだろうと思いました。

ＴＡＮ ＴＡＮの方がピッタリなんだけど、ＥＰＯのあの声が逆に、このサウンドをユニークにしてるとも言えるよね。ＥＰＯはもともといろんなタイプの歌手のモノマネができる、すごく器用な歌手だからね。

――続く6／8拍子のバラード「Would You Dance With Me?」のヴォーカルも素晴らしいですが、ポンタさんのドラムがまた、楽曲のドラマにそぐった、ドラマティックで背景や情感までも見える、何も足すところもなく引くものもない完璧な演奏だと思います。

ＡＯＲドラムと呼んでよ（笑）。こういうリズムのアプローチでハイハットを打たないっていうのにけっこう凝ってて、この曲はそれがすごく生きてるよね。

あと、このメロディも声も含めて、どこの国の音楽だかわからないのがまた面白いんだけど、その無国籍感がまた日本的というか、歌謡曲の世界なんだよな。その一方で、ドラムは時代の音、つまり〝ロスの音〟〝ＡＯＲの音〟してるよね。本当にいいチューニングしてるもん。このアルバムのエンジニアの佐藤（康夫）って、当時沼さん（内沼映二）なんかにも可愛がられてたアシスタントだったんだけど、歌の録り方がうまくてさ、佐藤メインでやろうよ！って話したのを覚えてる。この曲もそうだけど、アルバム全体けっこう上品な音してるもんね。逆にEPO Bandのライヴはけっこう熱かったんだよ。この頃のステージ、ＥＰＯは短パンだったしね。でも、プロデューサーの宮田（茂樹）がだんだんEPOを〝大人の女へ〟って路線を変えていって、ロングヘアにしてドレスを着るようになって……その頃からなぜか俺は離れていくようになるんだけどね。

——熱いライヴでもドラムセットはAORサウンドにしていたんですか？

ほぼアルバムと同じチューニングにして忠実に再現してたよ。レコーディングではおそらく白のFX（ファイバーグラス・シェル）を使ったような記憶があるけど、ライヴでは、同じFXでも、俺は裸にして（カバリングをつけないで）シェルが透き通って見えるセットだった。裸でしかも表面にニスも塗ってないから、これがよく鳴るのよ。でもそれにだんだん飽きてきて、途中からシモンズ[註6]を導入してFXと並べて使ってたわけ。ライヴで「う、ふ、ふ、ふ」なんかはわざとシモンズを使うんだけど、スネアだけはCMのレコーディングのときからフリーフローティングの（深さ）3インチ半を使ってたし、ライヴでも3インチ半を使うのが定番だった。その音が出ないと「う、ふ、ふ、ふ」にならないから。

——「う、ふ、ふ、ふ」のサビのビートも信之さんの指定ですか？

そう。ひと言「モータウンで」（笑）。そこでスネアを全部4分打ちにするか、最初の1拍目だけ抜いて2、3、4拍を打つか、クラップのアクセントとスネアを合わせるか、とか試してみて、それを合体させたらオモロいよねって感じだったと思う。

――「う、ふ、ふ、ふ」は憲司さんがソロを弾いているんですね。

今回聴くまで知らなかったんだ（笑）。たぶん別録りだったんだよ。っていうか、こうやってインタビューを受けるようになったから、俺が叩いた曲をあらためて聴いてるけど、今まで聴き直したことないんだから！　この曲は、CMにも使われて、この曲でテレビ番組に出ることもけっこうあったからちょっとは記憶にあるけどさ。

――そうでした（苦笑）。そして続く「PAY DAY」ですが、この曲のポンタさんの8ビートが「今でも8ビートのお手本」だと、友人のプロドラマーが言っているんです。

そんな偉そうな8ビート？　じゃあもう一回聴かせて（と、その場で「PAY DAY」を聴いてもらうと）……スネアがまたAORしてるね～！　普通ならもっとハイピッチでやるところ、このローピッチでやるっていうのがいい。

――この8ビートの秘訣は何なんでしょう？

ひとつ、テンポの要素が大きいよね。16が入るエイトのギリギリのいいテンポで、16は入れてもいいし入れなくてもいい、そういう中で何も考えず自然にやってるのがいいんじゃないかな？　ちょっとしたハイハットとか小賢しいタムとか入れてるけど、基本的にはずぅーっとエイトが流れてるっていうね。

――つまり、16のフィールは実音に出さなくても出ているということですね。

そうそう。だから余計なことは要らないの。信之のギターのカッティングとかを聴いてる方が面白いもん。シングルトーンでさ、これ全部信之が自分で弾いてるのがモロわかるね。

（続けてリスニング中）……やっぱりむちゃくちゃアレンジが良いよなぁ。ホントに信之はリズムのことがよくわかってるよね。懐かしいディスコのフレーズも出てくるし、ロス[註7]のジーン・ペイジなんかの頃のサウンドもすごく聴こえるし、コーラスの入り方もモータウンなんだよな。全部ひっくるめて、やっぱり信之の才だよね。『エニシング・ゴーズ』を聴いてても、ミュージシャンがニヤッとしながら聴けるんだ。

――わかる人にはわかる、っていう。

そうなの！　そういうアレンジャーがもっと出てくるとインストゥルメンタルがもっと面白くなるんだけどね。いや～本当によくできてるよ。

——最後の「かなしいともだち」は、実音ではハイハットで16を切っていますが、クローズド・リムショットのアタマ打ちの4分の大きなビートがメインで、16フィールは場面場面のスパイスとして無意識に聴き手に作用してくるような立体感とアンビエント感がありつつ、一番聴かせたいサビで、ストレートな8ビートに突然ピントが合ったような太いサウンドに収斂するというアレンジが絶妙ですね。ヴォーカルも含め大好きな曲です。

　影で信之がデヴィッド・フォスターに聴こえないようにいろいろやってるのが、随所でわかるよね。これでジェイ・グレイドンみたいなギターが入ってきたら、もうエアプレイ[註8]だよ！　これ、スネアはコパーの5インチをかなり低めにしてるけど、平歌のところで、クローズのリムショットの1拍目を抜いてやってるのが面白いね。

——このアルバムは、聴く人が聴けばニヤッとできるものが随所にちりばめられているんですね。

　大いにあるね。あらためて聴き直してみたけど、やっぱり名盤だよ。

——ちなみに「かなしいともだち」や「無言のジェラシー」では、同時期に信之さんアレンジの『HOLD ME TIGHT』（83年）や『SLIT』（84年）といったアルバムでポンタさんがドラムを叩いている安部恭弘さんがコーラスで参加されているんですね。

実は、本当は安部のバンドをやりたかったんだよ。安部ってＡＯＲのなかなかいい歌手でルックスもけっこう良くてさ、本当はＥＰＯから離れてもこのメンバーのまま安部のバンドをやろうって話も実際にあったんだけど、結局つながらなかったんだ。

註1／『コーナー・トップ』
「All Arrangement, All keyboard, Sound Produce by 清水信之」という80年発表の1stソロ・アルバム。"ひとりYMO"とも言われた当時20歳前後の清水が、全パート多重録音までもやってのけるマルチ・インストゥルメンタリストぶりを発揮しているが、このアルバムに集ったメンバーも強力で、ポンタは、大村憲司、小原礼、是方博邦の"カミーノ"で「流星」、「WHAT THE WORLD NEEDS NOW IS LOVE」の2曲に参加。その他、松木恒秀、森園勝敏、高水健司、田中章弘、上原裕、渡嘉敷祐一、清水靖晃、松武秀樹や、作詞・山下達郎、作曲・伊藤銀次による「こぬか雨」ではコーラスにEPOと竹内まりやも参加している。

註2／『エニシング・ゴーズ』
82年発表の2nd。ポンタは高水健司、大村憲司、清水信之と共に4曲でリズムセクションを担当。「I'll Turn To Stone」では林立夫を迎えダブルドラム編成に。同曲を除くすべてが清水信之による作編曲で、すべての楽器も清水によるもの。81年7月28日～10月3日にかけて、一口坂スタジオ、サウンドデザインスタジオ、メディアスタジオ、スタジオペティにて録音。エンジニアは大川正義。

註3／リンドラム
ロジャー・リンが開発した、生ドラムをサンプリングした世界初のサンプリング・リズムマシン。初代機（LM-1）が発表されたのは1979年だが、普及した後継機LM-2は1982年。プリンスを筆頭に80年代のあらゆるシーンで愛用されたが、ワム!の「ラスト・クリスマス」（86年）のドラムビートと言うと最もわかりやすいだろうか。

註4／「う、ふ、ふ、ふ」は、資生堂化粧品の1983年春のキャンペーンCMソングに使用された、83年2月5日発表の5thシングル。

註5／アルバム再発の際のライナーノーツで、田中雄二氏のインタビューに応える形で、清水信之自身が次のように述べている――「オーソドックスな昔の映画のサントラをテクノの手法でやったらどうなるかぐらい。厳密なコンセプトとか、まるでない（笑）。（中略）デタラメだけど、"なんだかわからないけど絵が見える"というのが理想。専門的な人が聞けばプッと吹き出すような仕掛けがあるとか」。

註6／シモンズ
80年代に「シモンズを持っていないドラマーは仕事にならない」とまで言わしめたエレクトロニック・ドラム。1セットで高級車が買えたという。1981年に初代機SDS-Vが発売され、ノイズ成分を含んだ独特な音色と六角形の近未来なルックスのパッドで一世を風靡した。それまでのシンセドラムはパッドを叩く＝音源を鳴らすためのスイッチに過ぎなかったが、シモンズはパッドを叩いた生音と音源の電子音をミックスした音が出せた、つまり、ショットの"ニュアンス"を多少表現できた。

註7／ジーン・ペイジ
シュープリームスやフォートップス、マーサ&ヴァンデラス、ジャクソン5、マーヴィン・ゲイなどのモータウンをはじめとしたソウル・ミュージック、さらにはバーバラ・ストライサンドやロバータ・フラック、ホイットニー・ヒューストン、エルトン・ジョンなどポピュラー界でも多くの作品を残したアレンジャー。バリー・ホワイトのLove Unlimited Orchestraでの豪華なストリングス・アレンジなどが有名。

註8／エアプレイ
80年、LAの音楽シーンですでに気鋭のプロデューサー、ミュージシャンとして活躍していたデイヴィッド・フォスターとジェイ・グレイドンが結成したユニット。唯一のアルバムとなった『AIRPLAY（邦題：ロマンティック）』では、ジェフ・ポーカロ、スティーヴ・ルカサー、デイヴィッド・ハンゲイトなど、LAのシーンを作っていくTOTOのメンバーが参加。

Column the 80's Ponta ①

Scene-1

山中のりまさ

『メリーゴーランド』(81年)

※ P170 参照

これだけ予算に糸目をつけなかったアルバムは珍しいよ。俺は大番頭で、細かいところは（清水）信之と詰めていったんだけど、デモが上がってくると、こういう感じの曲だったらって俺がメンバーを挙げると、信之が「ギターはもうひとり誰々を入れましょう」とか、まずはメンバー選びから始めていったわけ。まぁこのミュージシャンの贅沢なことって言ったらないよね。しかもそもそもはレコード会社も決まってなくて先に音作ったんだよ。結局は、松岡（直也）さんのウィシングで1枚ディスコメイトから出したことがあって（『Fiesta Fiesta』）、そのつながりで俺が掛け合ったんだ、「こういうヤツがいて、音はほとんど出来てるんだけど」って。日本ではそんなことほとんどないけど、向こうは自分でレコード会社に持っていくのは普通だよね。

（81年作品ですが、まだ70年代のサウンドが残っていますよね）――ひきずってるよね。今回あらためて聴いたけど、いくら新進気鋭のエンジニアを使っても、実際、音色が70年代だもん。冷静に見てもものすごくよく出来てるし日本人が好きな世界なんだけど、もうここにはお客さんがいなくて、もっと先の刺激を求めてるって感じがするな。山中はタイミングが悪かった。逆に角松はタイミングが良かったんだよ。

（壮大なオーケストレーションで幕が開けます）――山中の詞を見て、少なめのフルオーケストラを入れてドラマチックなオーヴァーチュアで幕開けしようっていうのは俺のアイ

■ Drums for『Merry-Go-Round』: PEARL GX（Wine Red）

ディア。他の曲でも、隠し味なんだけど、スタジオでトップの多（忠昭）アンサンブルと当時新人の加藤ＪＯＥのストリングス・チームを曲によって使い分けてんのよ。俺らが聴いたら〝ちょっと辛め〟とか〝ちょっと甘め〟って全然違うんだけど、普通の人が聴いても絶対わからないよね。

（「Cry」でツーバス？）――中ジャケにも〝ハンド・ツーバス〟の卑怯な写真が写ってたけど(笑)、まず8分でオンだけ踏んで録っておいて、8分ウラはあとでベードラをマレットで叩いてダビングしたんだよ。まぁシャレだよ、シャレ。でもこの曲はこのアルバムを代表してる曲だよね……なんでギターが5人もいるのか、自分でも不思議だったけど(笑)。

（2曲で大村雅朗さんがアレンジしています）――ここでバクがよく来てくれたよね。この当時（松田）聖子ちゃんなんかで大忙しのときだから物理的に無理だと思ったんだけど、「やりたいな。曲聴かせて」って言ってくれて、2曲自分で選んだんだよ。バクは松武（秀樹）と組んでシンセサイザーを使うのが早くて、自宅作業でほとんど作っちゃうんだ。

これはもうミュージシャンが作ったアルバムだよね。こうやって俺らは付かず離れず、ずっとやってきたんだよ。このアルバムでのミュージシャンの集まり方、声の掛け方、付き合い方なんて、ロスのスタジオの形にすごく似てるよね。指名しなくても自発的に集まっちゃうんだ。そういうことが出来たのは日本ではこの時代だけなんじゃないかな。

Column the 80's Ponta ①

Scene-2

原由子

『Miss YOKOHAMADULT』
（83年）

この原坊のアルバム、久しぶりに聴いたけど、良かったなぁ〜。俺の中ではずっと名盤っていうイメージだからね。音色がまたいいんだよな。で、思い出したんだけど、このアルバム、ヘッドアレンジなんだよ。ベースは美久月（千晴）で、ギターが原田末秋っていうすごくセンスの良いギタリストだったんだ。桑田（佳祐）がメロディを口ずさみながら曲を書いてる脇で、メンバーみんなも座り込んで自然にイメージして、あーでもないこーでもないって言いながらどんどんアレンジを構築をしていくから、「じゃあ録ってみようか」っていったら、録り自体はもう1〜2テイク。そういう意味では面白いやり方だったよね。スタジオに行ってアレンジャーから譜面渡されてからそれなりにアイディアを出して、っていう通常のやり方とは〝把握度〟がひと味もふた味違うから。

このときのエンジニアは猪俣（彰三）っていう、サザンを初期からずっと録ってて、俺もスタジオ・ミュージシャンのときに死ぬほど一緒に仕事した名ミキサーで、『吠えるバラッド』で一緒だった州ちゃん（山口州治）の師匠だよね。

本当は、このメンバーでツアーをやりたかったんだ。かなりみんなで盛り上がったんだけど実現しなかったんだよね。もうひとつ、桑田のAct Against AIDSで、ソリッドブラスが中心でフルバンドを組んだ〝夷撫悶汰レイト・ショー〟っていうのをやったんだけど（96年12月）、あのメンバーでもツアーをやりたかったなぁ。それも実現しなかったから、このふたつは今でも残念だよね。

Column the 80's Ponta ①

Scene-3

尾崎豊

『街路樹』（「太陽の破片」／「遠い空」）（88年）

尾崎は、俺が関わったのは短かったんだけど、交流は深かったんだよ。俺、日本で、リハと本番で全然変わらないスタンスで歌う歌手って忌野清志郎と尾崎豊しか知らない。で、コイツは本当にあのステージのまま歌うわけよ。「豊、俺たちも苦しくなるし、もうちょっとラフに」……なんて言ってたのは最初だけで、途中から言えなくなった。だからこっちも死ぬ気で付き合ったよ。普段はおとなしくしてても、マイク持ったら一瞬でスイッチが入るから。清志郎も、方向性は正反対だけど、リハと寸分違わずに歌うからね。

そもそも「太陽の破片」のレコーディングは、メンバーが面白かったから引き受けたんだ。（本多）俊之が音楽監督で高水（健司）と島健と是方（博邦）っていうメンバーで、おそらく尾崎はそれまでと違うサウンドが欲しかったんだろうね……ロックンロールだけじゃなくて、もっと言葉を伝えていくような。出来上がりを聴いたら、ちょっとリヴァーブをかけすぎなんじゃないかと思ったけど、でもそれがひとつの味みたいになってるよね。

人前で演奏したのは東京ドーム1回だけで、曲数もそんなに多くなかった。だから、客は戸惑ったんじゃない？　あんな尾崎のサウンド今まで聴いたことがないって。けっこう賛否両論あったんじゃないかな。

（ポンタさんは、アーティストが方向性を変えたいというときに呼ばれることが多いですね）——そう言われたらそうだな。ただ、このときホールツアーの打診もあったんだけど、当時もあまりに忙しくて、俺は基本エキストラ（代役）入れるの嫌いだから断ったんだよ。

Column the 80's Ponta ①

Scene-4

加古隆

『スクロール』(87年)

※ 166-167ページ

俺がスタジオ・ミュージシャンの頃、加古さんとは劇伴でしょっちゅう付き合いがあったんだ。このグループ、ほとんどは加古さんと吉野（弘志）と俺のトリオで、どうしても2管入れたいっていうときに井上トシちゃん（淑彦／ｔｓ、ｓｓ）と吉田テッチャン（哲治／ｔｐ）を呼ぶのが通例だった。

レコーディングする前から新宿ピットインなんかに出てて、俺は偶然ニューヨークでエンジニアのデイヴィッド・ベイカーと知り合ってて、ちょうど加古さんもデイヴィッドがいいと思ってたみたいで、じゃあデイヴィッドでアルバム作っちゃおうと。で、河口湖スタジオにわざわざデヴィッド・ベイカーも呼んで、みんなで合宿して録ったんだ。

（ポンタさんがこの透明感のあるサウンドにエレドラを使っていたり、この時代に類稀な先進性だと思いました）――それには俺のアプローチが大きく貢献してると思う。俺の中で加古さんって寒い方のヨーロッパのイメージだけど、ここに（ジャック）ディジョネットが入ったら、そのままＥＣＭの世界になると思うけど、俺はエレドラは使うわ、タムもロートタムとか薄いシングル・ヘッドばっかりだったしね。

PORTRAIT in 80's PART 2

◉

写真提供：村上“ポンタ”秀一

リズム&ドラム・マガジン［P166, P171：菊地英二 ／ P174-175：佐藤哲郎］

第7章で触れているMOBOIII結成の瞬間をとらえた一ノ関ベイシーの周年パーティーでのライヴ。

ロートタムのセットはMOBOIIIでは定番。音色の異なるふたつのキックに加え、頭上にもキックがあるのがわかる。

左手側には下方に14"×12"の超深胴スネア、上方にスネアの胴だけ（P5参照）をセットしているのも見える。

MOBOIII全米ツアー、移動中の空港にて。

ツアー中の写真は“もうひとりのメンバー”としてツアー全行程に同行したエンジニア、近藤健一朗氏によるもの。

ポンタ曰く「MOBOIIIの全米ツアーが成功したのは近ちゃんのお陰。

俺たちプレイヤーにとってエンジニアは“プロデューサー”だからね。

だって俺らは外の音、一生聴けないわけだから」。

上：全米ツアー後半でともに回ったアイ・ウィットネスとのバス移動中。
スティーヴ・カーン、スティーヴ・ジョーダン、奥にはアンソニー・ジャクソンの姿が見える。
下：ワシントンD.C. ジョージタウン“チャーリーズ”にて。

全米ツアー、ライヴハウスでのステージ。

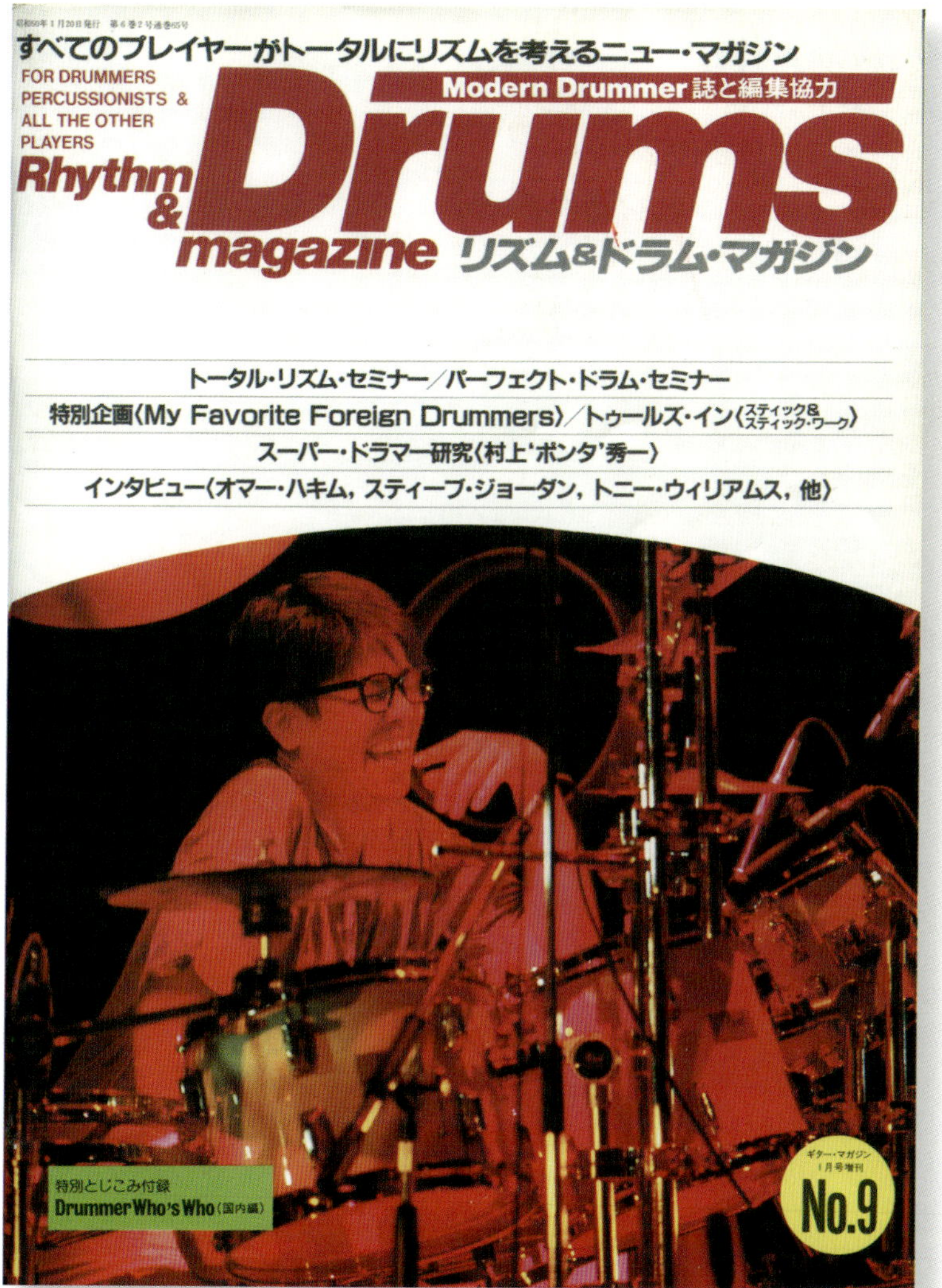

ポンタが初めて『リズム&ドラム・マガジン』の表紙を飾った85年1月発刊のNo.9号。
MOBOバンド・ツアー中、大阪サンケイホールでのライヴ時のもの。

加古隆トリオの透明感のあるサウンドでもロートタムのセットを使用。
右が“1枚スネア”など数々のアイディア楽器を創作した名物アシスタント、斉藤司氏。

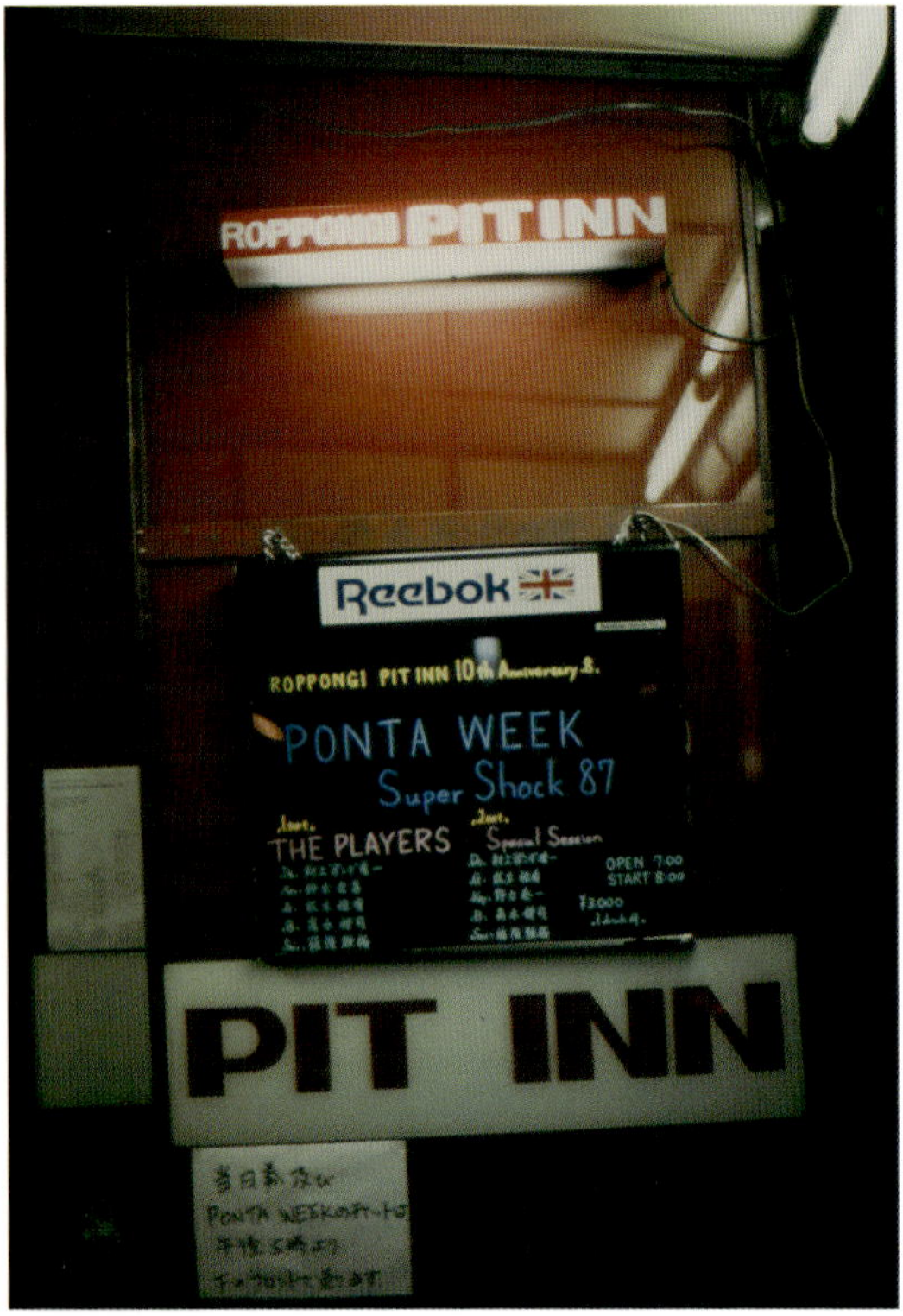

87年、六本木ピットイン10周年を記念し、その第8弾として10月3日〜11日にかけて行なわれた『PONTA WEEK “Super Shock'87”』。この日は、1stがTHE PLAYERS、2ndが松木恒秀、高水健司、野力奏一らとのSpecial Session。

第6章

村上“ポンタ”秀一

PADANG RUMPUT

◉

THE RHYTHM BOXER
（信之・ポンタ ユニット）

村上“ポンタ”秀一

PADANG RUMPUT

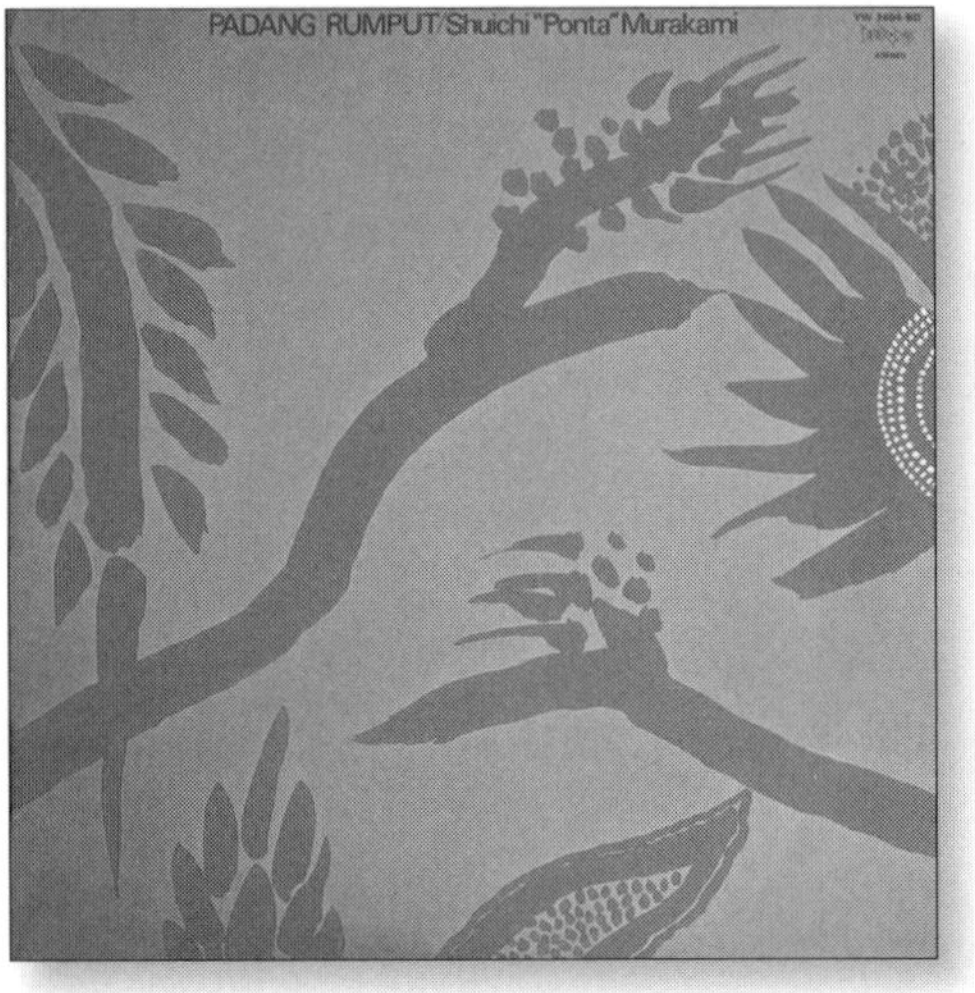

1982年10月21日 発表

[Song List]

1. PADANG RUMPUT
   [作曲／大村憲司]
2. LATIN STUFF
   [作曲／大村憲司]
3. 黄帝
   [作曲／中村哲]

[Musicians]

村上“ポンタ”秀一 (Drums & Percussions)
大村憲司 (Guitars)
中村哲 (Keyboards & Computer Programming [MC-4])
後藤次利 (Bass)
佐山雅弘 (Piano solo on「PADANG RUMPUT」)
布施隆文 (Computer Programming [MC-8])

・Produced & Arranged by 大村憲司
 (except「黄帝」arranged by 中村哲)
・Engineer：伊東俊郎
・Assistant Engineer：渡辺しげみ
・Recorded & Mixed at 六本木 SONY Studio

村上“ポンタ”秀一

（信之・ポンタ ユニット）

THE RHYTHM BOXER

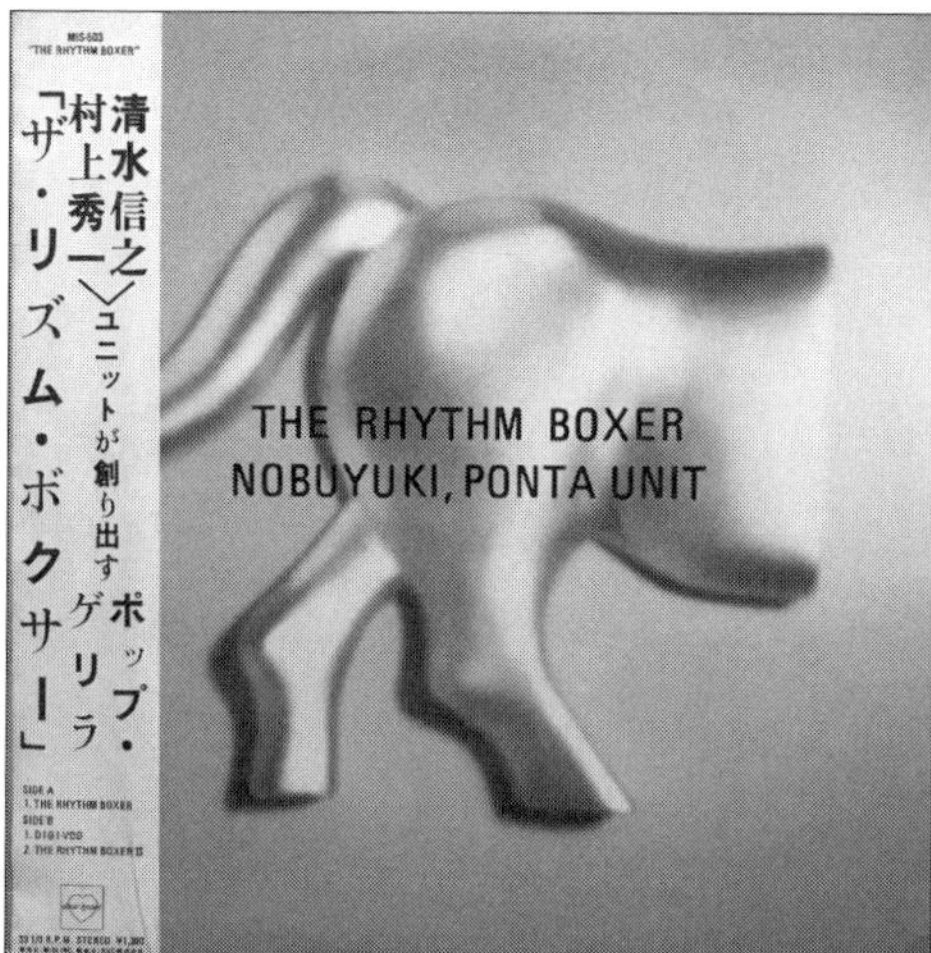

◉

1985年 発表

［Song List］

1. THE RHYTHM BOXER
2. DIGI-VOO
3. THE RHYTHM BOXER II

additional musicians
亀井としお（vo／M1「THE RHYTHM BOXER」）
Chris Mosdell（rap／M1「THE RHYTHM BOXER」）
佐橋佳幸（electric guitar／M2「DIGI-VOO」）
Mikan-Chang & Pecker（vo／M1「THE RHYTHM BOXER」）

［Musicians］

Produced, Arranged & Mixed by 清水信之
All Instruments（except where credited）played by 清水信之
Drums played by 村上“ポンタ”秀一

・Executive Producer：宮田茂樹
・Recorded at 一口坂 studio／Sound Design studio
・Engineers：佐藤ちゅうじ、森本誠、他
・Sound Engineers：坂東“牛若丸”ひろじ、中村たつや
・Mastering Engineers：大川正義、小鐵徹

もっと違うアプローチがあるはずだって模索してた

――ポンタさんのソロ2作目となる『PADANG RUMPUT』、当時のLPでA面に2曲、B面に1曲で、総録音時間15分弱という、当時としては珍しいアルバムなんですよね。

コロムビアのLPサイズで45回転の〝ジャンボ・シングル〟っていう企画の第一弾だったんだけど、そういうシリーズを作るっていうんで10枚契約したんだ。でも俺、コロムビアのスタジオって、その前からスタジオ・ミュージシャンでもKYLYNでもいっぱい使ってきたけど、音もエンジニアも嫌いで、どうせ自分のアルバムを作るんだったらNEVEの卓がある六本木ソニースタジオで、エンジニアも、アシスタントの頃から認めててよくメインで使ったりしてた伊東（俊郎）君で録りたいってわがまま言ってね（笑）。で、レコーディング5日間の予定が20日かかっちゃって、ジャンボ・シングル・シリーズ2枚半分の予算をこの1枚だけで使い果たしてしまった（笑）。10枚契約だったのに、この1枚で終わりよ（笑）。

――（笑）。なんでそんなに時間がかかったんですか？

まず憲司がプロデュースをやりたいって言ってくれて……この頃はもうロンドン志向で、ヒューマン・リーグなんかにハマってたり、イメージができてたんだろうね。せっかくの遊び企画だし、いつもとは違うやり方でやろうってふたりでミーティングして、このアルバムはコンピュータでやろうと。だからドラム・セットはほとんど使ってないんだ。ドラム・ケースの中にマイク突っ込んでマレットで叩いてキック代わりにしたり、全部バラ録りでさ、出来上がったあとでテープの回転数を上げたり、要するに音録りの実験をして遊んでたわけ（笑）。憲司も最初は面白がってやってたけど、そりゃ時間かかるよね。俺も途中で、こんなことやってバカなんじゃないか？と思ったもん。伊東君もよく付き合ってくれたよね。

——（笑）。バラ録りということは、両手両足を使ったリズムは叩いてないと。

叩いてない。全部〝手〟で演ってるんだよ。だからキックは、空っぽのキックのケースにマイクを突っ込んで、俺が外からマレットで叩いてるの。当時は今みたいに、ひと通り録って良いところだけ切り取って貼り付ける（コピーする）なんてできなかったし、そんなことする気もなかったから、俺が（1曲分の打楽器を）全部手で叩いてるんだよ。スネアもスネア単体で叩いてるし……とはいえ、ドラムセットの中にある本物の楽器を使ってるのはスネアとハイハットくらいで、あとは床叩いたりビニール椅子叩いたり、とにかくいろんなものを叩いて、あとで加工して音を作ってるんだ。床なんて、バリ島系のいい音するから（笑）、ハイハットと組み合わせてビートっぽく叩いたりね。でも、テープの回転を半音分くらい速くして（トラックダウンして）るからハイハットの音に聴こえないし、スネアも元々わざと少し〝前〟で打って録ってるから、グルーヴもなんかヘンに聴こえるんだ。

そうやってものすごいチャンネル数を使って別々に録って、あとで組み合わせるわけ。それでどれだけグルーヴが出せるかとか、テクノっぽい曲調なのに「人間がやってるんだよ〜」みたいな、そういうことにチャレンジしたかったわけよ。

こんな多大なる労力をかけて、コロムビアにも多大なる迷惑をかけて、しまいにはプロデューサーを左遷させてしまった（笑）。コロムビアで香津美の初期から龍一の『千のナイフ』、KYLYNまで手がけてきた人なんだけど、今ではニューヨークですごく偉い人になってるから、あのとき左遷されて良かったのかな？とか言ったりして（笑）。たまにニューヨークで会うと「あのときポンタ君は先見の明があって……」とか嫌み言われたけどね（笑）。

――（笑）。実作業としては、例えば憲司さん作曲の「PADANG RUMPUT」などは、憲司さんがある程度のメロディを書いてきて、あとは現場でふたりで作っていくという作業ですか？

憲司のメロディを聴いて、俺がイントロからエンディングまで各パートのサイズと構成を全部決めて、まずはひとりで打楽器を全部録っちゃうんだけど、そのベーシックを録るだけでかなりの時間がかかるわけよ。よく聴くとわかるけど、隠れたゴーストをいっぱい録ってるから。で、その上で別の音をかぶせるっていう段階になって、次利と一緒にやったり、っていう流れだよね。憲司は、ダビングし始めたら果てしないから、憲司の日にはスタジオ行かなかった……って、誰のアルバムや！（笑）。

で、（中村）哲は、憲司と俺と、ベースは（岡沢）章か高水（健司）か次利で、当時よくレコーディングしてたんだよ。哲ってもともとはホーン・スペクトラムで、それこそ下北ＬＯＦＴで毎晩セッションやってた頃から一緒だったしね。ただプレイヤーっていう以上に、アレンジャー、サウンド・プロデューサーで、ちょっと別格に見られてた。で、当時自分でアレンジする仕事のほとんどは憲司を呼んでたんじゃないかな。俺も呼ばれることが多くて、『SPLAASH』[註1]ってソロ・アルバム（79年）も関わってるよ。同じ時期に似たようなメンバーで山岸（潤史）のアルバムなんかも作ってるけど、どっちもビクター・スタジオで、俺らが1階で休憩してると、唯一同録できるかなり広いスタジオで若手のバンドが歌入れしてるから見に行ってみたら、ど真ん中で歌ってるヤツがいて、それが桑田（佳祐）だった……とかね、そんな時代よ。かたや、俺らはちょうど『GUITAR WORKSHOP』なんかを録ってる頃で、そういうリズムに飽き飽きして「もういいよ！」って思っててさ、もっと違うアプローチがあるはずだって模索してたんだ。だからこそこういう実験的な録り方が面白かったわけ。

――80年代を迎えて、ポンタさんをはじめ多くのミュージシャンが70年代的なビートに飽きて、違うアプローチを模索していたんでしょうか？

絶対そうだと思う。俺はもうひとつ、佐藤（博）君が『TIME』の後にペッカーとかアオジュン（青山純）、（伊藤）広規なんかとハイ・タイムスってバンドをやり出したとき、このチームに俺が勝手に乱入して（笑）一緒にやり出した影響がけっこう大きいのよ。例えば、ラテンをラテンじゃなくやろう、とか、アオジュンとのツインドラムでもっと無機質な関係をやろう、とかね。それが〝はにわ〟につながるわけ。そもそも佐藤博って人が独特でさ、あの人はニューオーリンズなんかの匂いもあるけど、とにかくドラムの打ち込みがなんでこんなにうまいんだろうと思ったよなぁ。『awakening』の打ち込みなんてスティーヴィー・ワンダーの（ドラムの）色っぽさと変わらないんだから。それが俺にとってはショックでもあった。アルバムもすごく良いしね。本当にリズムを知り尽くしてるし、でも奇をてらってなくて、ただただ気持ち良いんだ。佐藤君の家にもよく行ったけど、そのたびに「ポンタ、これちょっとやってみてくれる？」って言われて、床をブラシで擦ったりしたよ（笑）。それを佐藤君が録って（曲の中に）ミックスすると、バランスも絶妙でさ、隠し味なんだけどちゃんと聴こえるんだ。そういうところは佐藤君からすごく学んだよね。

――なるほど、70年代の終わりから80年代初頭にかけて、ビートを担うドラマー個人のテクニック的な肉体性とかセッションにおける瞬発力の応酬という関係が、ある意味飽和状態だったところに、ポンタさんは、一方では山下洋輔さんや仙波清彦さんとの出会いによって〝まったく別次元の自由〟とか〝音符と手順の広がり〟といった〝新たな肉体性〟を手に入れながら、他方で、イギリスのニューウェイヴやジャマイカのレゲエ、そしてデジタル・シーケンサーといった最先端のサウンドとデバイスによるレコーディング手法を取り込んだり、そのさまざまな人的・物的・精神的・時代的要因が、ポンタさんの中で短期間にものすごい勢いで化学反応を起こしたと、そんな印象を受けます。

飽きっぽいだけかもしれないけど（笑）、常に同じ場所に居続けるっていうのは嫌いだよね。細野さんとか龍一だって、この頃にはもうYMOは飽きてたんじゃないかな。ただ、今回もらった資料の哲のクレジットにも〝Computer Programming（MC-4）〟って書いてあるけど、MC-4ってすごく便利だったんだよ。自分たちでも扱えたし、オペレーターがひとりついていれば（MC-4の打ち込みに合わせて）打楽器は俺ひとりで先に録れちゃうから。だからこのときも「松武に来てもらおうか？」なんて話もしたけど「いや、哲で十分なんじゃない？」って。哲のほうは、ポップなインストだと思って軽い気持ちで来たら、大間違い（笑）。結局、1個1個の音入れるのに、全部付き合ってくれたからね。

――前章でも触れましたが、80年代になるとリズム自体にキックの4分打ちが明らかに増えて、シックスティーンではなく8分音符がメインになってきたように思います。70年代にポンタさんは「やっとシックスティーンが叩けるドラマーが出てきた」と言われていましたが。

でも、シックスティーンを知ってるヤツがやってるエイトなんだよ。だからエイトをやってても中でシックスティーンが鳴ってるわけ。エイトしか知らないヤツのエイトとは表情が違うから。

――それは大いに納得です。では、また参加メンバーの話に戻りますが、次利さんはポンタさんのご指名ですか？

うん。久しぶりにやってみたかったし、憲司も当時、自分のアレンジではけっこう次利を呼んでたし、逆に次利も必ず憲司を呼ぶからね。このときも「最近、次利とやってる？」「いや、しばらくやってないな」「このアルバム、次利呼ぼうよ」「もちろんもちろん！」って、そんな感じだよ。で、俺からもうひとり、「ＰＡＤＡＮＧ ＲＵＭＰＵＴ」のピアノ・ソロだけ佐山（雅弘）に弾いてもらいたいんだって言ったの。佐山は、俺が別荘に行く前、ＰＲＩＳＭのレギュラーで、俺は（和田）アキラにサイドマンで呼ばれて一緒にやったことはあったんだけど、それ以降初めてで、佐山にソロだけちょこっと弾いてほしかったんだ。まぁこのときに佐山と「自由にやるトリオを作りたいな」って話して、ここからＰＯＮＴＡ ＢＯＸが始まったと言っても過言ではないんだけどね。

――このときは、どうして佐山さんだったんですか？

佐山はそもそもモダンジャズの人で、それがＰＲＩＳＭみたいな音楽に興味を持ってバンドに入ったわけだけど、俺は常にこの佐山のソロみたいな、モーダルなチック・コリアみたいなサウンドが頭の中に流れてて、ちょうどこの時代にバイブレーションが合ったんだと思う。だからＰＯＮＴＡ ＢＯＸが面白かったんだと思うしね。ついこの間も、よくライヴで行ってる岐阜の土岐市にある老舗のジャズクラブで佐山とデュオをやったときにオーナーと話したんだけど、オーナーみたいなずっとモダンジャズをやってきた人にとっても、ＰＯＮＴＡ ＢＯＸの1枚目を聴いて「ついにこういうヤツらが出てきたかと思った」って言われたもんね。

このテイクも「俺が好きなあの感じで弾いてくれ」って言って、俺はもうファースト・テイクだけでも良かったんだけど、3テイクくらい録って憲司がその中から選んで使ったと思う。

――ところで、生ドラムは何を使ったんですか？

セットはワインレッド（パールＧＸ／メイプル・シェル）を使ったのを覚えてる。スネアもおそらくワインレッドの5インチを、普通のピッチにして、そんなにミュートしないでカーンっていう成分を残すくらいに調整してるよね。でも生のセットを使ったのは「ＬＡＴＩＮ ＳＴＵＦＦ」中盤のソロの部分だけだよ。

――今回資料として、78年のアルファ・フュージョン・フェスティバルのときにほぼKYLYNのメンバーで演奏した、ラテン色満載の「LATIN STUFF」[註2]も聴いていただきましたが、本作とわずか3年差ながら、同じ曲のこの在り方の違いが、ちょうど〝70年代的なる音〟と〝80年代的なる音〟の違いだと感じました。

そうだね。このアルバムのときは、憲司が最初から「LATIN STUFF」はやりたいって言ってたんだけど、いつもの感じでやったら、やっぱり（78年の演奏のように）ああなっちゃって面白くないから、とにかくまったく違うアプローチでやろうって。それがそもそものコンセプトだったし、このアルバムでまず取り掛かったのも「LATIN STUFF」からだからね。

ただ、俺のソロだけ生のセットにしたのは、それまでとちょっと違うアプローチっていうか、この当時のトニー（ウィリアムス）っぽいニュアンスが頭で鳴ってたんだよ……ジャズでもないフュージョンでもない、ドラムもミュートなんかしない、いい加減なピッチでっていう。

――そこを詳しく教えてください。まずソロ中は、キックはずっと4分打ちですよね。

そう、だから（まったく違うアプローチにするために）キックはわざと元の打ち込みを使ってるわけ。その上で、〝ニーヨン〟（よくスネアのアクセントを置く2、4拍目）じゃなくて、〝1拍目〟を意識してソロをやったのはよく覚えてるよ。これは俺のソロの中では音色もフレージングも異色だと思う。

――ニーヨンでなく1拍目を意識するとは？

手打ちだけど、俺が叩いた完璧な4分打ちがボトムにいる上で、今までみたいなフュージョン的な〝ンートゥーンーフォー／ンートゥーンーフォー〟っていう強弱の流れじゃなくて、〝ワァントゥワァントゥ〟っていう（オンビートが強い）感じをメインでやってるから、へんちくりんなソロになってるけど、俺はけっこう気に入ってるよ。これも1～2テイクしかやってないと思う。

――しかも、いつもとは違うところに空間を意識している印象もあります。

そうなの。確かに妙な空間があるのは、わざとそこを埋めてないから。だって、それ以外にもティンパル[註3]とかいろんな打楽器が入ってるからね。あと、どアタマのロールの直後にやってるフィルも生のセットを使ってるけど、この冒頭のフィルでもう中盤のソロの雰囲気が出てるのが面白いよな。最初から生のセットに対しては気持ちが違うんだね。

――その最初のフィルは、それまでにない訛り方をしていますね。

そう、トニーのヘンな訛り方を真似したテリー・ボジオみたいな感じだよね。フランク・ザッパの『ザッパ・イン・ニューヨーク』（78年）の頃のボジオって、フレーズはもちろん、チューニングまで似てるのよ。絶対に意識してたはずだから。確かにあの頃ってニューヨークの連中はトニーの影響が大きかったと思うのよ。自分のバンド（ライフタイム）も中途半端な時期だったけど、グレイト・ジャズ・トリオでも、ハンク・ジョーンズとロン・カーターとのピアノトリオで、ベードラがあんなローピッチ⁇ってびっくりしたもんな。普通、あんな超低音でピアノトリオやらないよ！ でも気持ちはわかる。俺もこの頃はいろんな影響が入り交じってて、それこそ〝潰したい！〟の極致だったからね。この裏では、山下さんとかWha-ha-haとかはにわもやってるわけだし、大空はるみの〝マイアミ・ディスコ〟にしたって違うエッセンスを入れることばっかり考えてた時期だから。

――「LATIN STUFF」でも序盤に『ムーンライトセレナーデ』的なビッグバンド・ホーンのバース（CD TIME：1分02秒～）が出てきますね。

（その部分を歌いながら）そこは、哲が8本くらいサックスを中心にかぶせてるんだよ。雰囲気出すのに「できるだけヘタなアンサンブルで吹いて」って言ったのを覚えてる（笑）。で、ドラムは「この部分だけテンポを落としてやろうか？」って提案したら反対されてさ……そりゃそうだよな（笑）。結局、ドラムは消してスネアとカウベルだけ残したんだ。

――そもそも〝PADANG RUMPUT〟って、マレー／インドネシア語で〝牧草地〟という意味なんですね。

そうそう、タイトルは後付けなんだけど、たしか憲司がそんなこと言ってた。詳しくは聞いてないけど、俺は1曲目の特にサビのフレーズなんか農耕民族の曲ってイメージだったしね。しかも日本のきれいな水田じゃなくて、ベトナムの反政府軍のゲリラ戦みたいな、汚い水田の中に地雷埋め込んで、みたいな世界。そのわりにアルバムのジャケットはなかなかセンスが良くて、予算の関係で2色しか使えなかったんだけど、この銀と赤の組み合わせが大胆だって、当時マダムニコルが「この色の組み合わせ、女性の秋物でこういうアプローチをしてみよう」って、一時、実際に採用してたもんね。

あ、最後にひとつ言っておくと、このアルバム、俺の『驚異のパーカッションサウンド』と並んでＤＪにものすごく人気があるんだよ。

幻の〝信之・ポンタ ユニット〟

――続いて、3年後の85年に発表した『ＴＨＥ ＲＨＹＴＨＭ ＢＯＸＥＲ』ですが、今度は清水信之さんとのダブルネームのアルバムになりましたね。

そう、アルバムにも〝信之・ポンタ ユニット〟って書いてあるとおり、本当はふたりのグループにしたかったんだけど、俺がこの時期あまりに時間がなくてさ、信之が「僕が作っておくから、ポンタさん、ドラム入れに来て」って、俺は数日だけスタジオ行ってパッと録っただけなんだ（笑）。当時、スタジオのエンジニアなんかから見ると、パッとスタジオ行ってドカーンって1テイク録って「じゃあな！」ってサッと帰る、なんていうスタイルがカッコ良かったらしいよ（笑）。それでギャラをもらわずに帰っちゃったこともあるけど（笑）。

——（笑）。なるほど、おふたりはこのアルバムの企画で集まったのではなく、実際ユニットとして活動しようとしていたんですね。

そういう気持ちでは動いてたんだ。実際、このアルバムのライヴを大阪とどこかで2回やってるし……って、実は俺は出てないんだけど。忙しすぎて（笑）。普通はスケジュール合わせるじゃん？なのに「どうせダメですよね？」って俺抜きで（笑）。「ちょっと待てよ、信之！」って言ったの覚えてるもん（笑）。まぁでも、信之がこれだけ作り込んでくれて、俺はリズム録りに行っただけで〝ユニットのアルバム〟って言ってるんだからヒドいもんだよね（笑）。ベーシックを作るのはかなり時間がかかったと思うけど、信之ってクラシックの作曲家と一緒で頭の中で音像が全部見えてるから、仕事はめちゃくちゃ早いんだよ。

俺の記憶では、1曲目「THE RHYTHM BOXER」はもう1テイク。一口坂スタジオの6階1スタのど真ん中に楽器をセットして、バラシまで含めて3時間だった。2曲目「DIGI-V

OO」と3曲目「THE RHYTHM BOXER II」は、ドラムの打ち込みまでかなり出来上がってたから、むしろ、打ち込みのパーカッションなんかは活かしつつ、打ち込んであるドラムのどこを生に差し替えるかを考える方に時間がかかったくらい（笑）。

――ポンタさんは〝RHYTHM DESIGNER〟などの肩書きもありますが、〝RHYTHM BOXER〟もまた言い得て妙ですよね。このタイトルでボクサー的な壮絶な叩きまくりのリズムを想像しましたが、80年代のアンビエントが効いたゴージャスなサウンドが印象的でした。

俺は、信之が作った1曲目を聴いてひと言「ジェイムス・ブラウンでいいんだよね？」って、もうそれだけ（笑）。気持ちはJBよ。一口坂スタジオの、弦も同録できる広いスタジオにセット組んで、オンマイクも当然使ってるけど、アンビエンス用のマイク立ててガボンガボンの音にしようって言ったのは覚えてる。今回あらためてアルバム聴いたけど、これでもまだ地味だと思うくらいだもん。向こう（海外）ではアンビエンス、つまり遠くの方にノイマンのデカいマイクを2本置いて、それを（ミックスダウンのときに）混ぜるっていう方法は70年代からやってたし、特にアルファは村井（邦彦）さんがロスのスタジオに頻繁に出入りしてたから導入が早くて、美奈子の『FLAPPER』のときには使ってたくらい――アンビの〝きれいな〟使い方ね――。で、この時期はこっちでもすっかり定着してて、やっぱりこういうアンビ系の音が流行ってたんだよ。俺も、芝浦スタジオの地下倉庫でグワングワンの音でドラムを録ったこともあるしね。

でもその基本形は、昔のモダンジャズをオーバートップのリボンマイク1本で録ってるのと同じ考え方で、（個々の楽器に近づけて録るオンマイクではなく）そもそも上からマイク1本で録ったって（自然なリヴァーブ感を含む）いい音なわけよ。でも効果としてのアンビは、他に回ってる音まで一緒に録っちゃうわけだから、もっと乱暴なものだよね。そのマスタリングを、このアルバムはポニーキャニオンの大川（正義）さんと小鐵《こてつ》（徹）さんにやってもらいたかったんだ。大川さんとはホントにいろんな作品を録ってもらったし、小鐵さんなんてご高齢だけど今でもアナログ系マスタリング・エンジニアの大御所中の大御所だよね。小鐵さんが面白いのは、マスタリングの作業を俺たちに絶対に見せてくれないの。作業が終わって呼ばれると、2〜3種類作ってある中から「どれがいいですか？」って聞かれて、選んだら「じゃあまた外出て」って言われるんだ。昔はそういう職人気質のエンジニア、多かったよ。もらった資料を見ると、他にも懐かしい名前が並んでるなぁ。エクゼクティヴ・プロデューサーの宮田（茂樹）っていうのは、ＲＣＡの中でＥＰＯとか大貫妙子とか竹内まりやを手がけてた〝Dear Heart〟っていうレーベルを作ったヤツだよね。

——では、このアルバムで使ったドラムセットは？

定かではないけど、短期間だけ使ってたＦＸの試作品をこのレコーディングで使った記憶が微かにある。チューニングもパリッパリにしてたし、この荒々しい下品な音には合ってたよね。信之が事後にやってくれたいろんなサウンド処理も、俺が〝JB〟って言ったときからもう見えてたと思う。

――あらためて聴いてみて、甦ってきた記憶などありましたか？

まずは1曲目「THE RHYTHM BOXER」の（2Aにいく前の）〝タカチーチーチー〟[註4]っていうフィルはこのとき初めて使ったんだ。しかもこれ、信之のアイディアなんだよ。すごいよなぁ。（拍のウラでハイハットを叩く）ダチウチウチは鬼なんだけど、（拍の）アタマで〝チーチーチー〟だと、左足の踏み方が裏表逆になるわけ。最初はあれ？って思って、レコーディング本番のときもこの部分にくる前、ちょっと緊張したのを覚えてるよ（笑）。信之って、フレーズのアイディアを出すだけじゃなくて「今日は〝ダチウチウチ〟やらないでください」とか、ドバラド禁止とか、封印することもあるんだけど（笑）――普通はそっちで呼ばれることの方が多いのに――、お客の耳がそっちに行っちゃうから、それはこの曲には必要ないって、全部見えてるんだよね。

――70年代にはラリー須永さんに「お、坊主、あのドチウチってやってくれよ！　俺好きなんだよ。イェ〜イ！」とまで言われていたポンタさんが、80年代にそのトレードマークを封印されるなんて（笑）。

角松に〝ドバラド〟を封印されたことはないよ（笑）。むしろやると喜んでくれるから。

――〝ドバラド〟ではないですが、「THE RHYTHM BOXER」の冒頭は、ドバラドに似た音型の〝ダン タカタドン〟で4拍目から入って、次の小節の1拍目は16分の2発目から入るというトリッキーなイントロですね。

そうそう、その解釈で合ってる。そういうフェイクだよね。曲中でも16分ウラにアクセントがあるからね。この曲のラフを聴いて、俺はジェイムス・ブラウンだと思ったわけよ。その理解だけでプレイしてるから。

――先ほど、初めて使ったフレーズという話がありましたが、3曲目「THE RHYTHM BOXER Ⅱ」[註5]の6連符2拍を4個ずつ割っていくフレージングも、ポンタさんが使うのは珍しいですよね？

これはあまり使いたくないのよ。64年くらいから（マイルスのクインテットで）トニー、ハンコック、ロン・カーターのリズム・セクションが頻繁に使い始めるようになって、そのあとウィントン・マルサリスのグループでジェフ・ワッツなんかがもっと発展させて継承して、そういう技巧を大坂（昌彦）なんかが吸収してアメリカから持ち帰ってきたんだ。[註6]ウィントンの『スタンダード』ってアルバムの「枯葉」なんて、ずっと同じテンポなのにバースによってテンポが上がってるように聴こえるっていうね。俺もポップスでたまに使うけど、ベースを錯乱させるくらいであまり意味がないんだ。実際、ロン・カーターもついていけてないときがあるから。ベースが（そのテクニックを）わかってついていくとウィントンのグループみたいになるけど、ポップスでそんなことしたらややこしくなるだけだよ。そこで、ふと10年くらい前に気づいたんだけど、64年からのマイルスの最高のクインテットって、意外とリーダーはロン・カーターだったんじゃないかな？　いい加減っぽく聴こえるんだけど、あの優柔不断なベースがあるからトニーとハンコックが面白いことができるっていうね。

あ、そうそう、「THE RHYTHM BOXER II」で言うと、かなりデカいグランカッサをスタッフみんなに持ってもらって横にして、スルドみたいなパターンを叩いたのは記憶にあるけど、ソロは全然覚えてなかった……やっぱり忙しすぎたんだな。

――確かにこのアルバムを発表した85年[註7]も目まぐるしいスケジュールでした。調べがついているだけでも、年の前半はMOBO倶楽部やMOBOⅢのライヴ&レコーディングで、4月からは全米18ヵ所のツアー、帰国後も加古隆トリオ、窪田宏、浜田剛爾、阿川泰子ツアー、ジャズフェス出演、そして矢沢永吉リハーサルを経て8月から3ヵ月間、矢沢永吉ツアー44本、直後に山下洋輔……などなど。1日に複数アーティストのリハとレコーディングが入っている日もありました。

もうアーティストの名前聞いただけで、どれだけ守備範囲が広いんだって感じだよな。MOBOⅢはホントに〝冒険グループ〟だったし、浜田剛爾さんって前衛芸術家で、このとき1回だけジョイントしたんだけど、スタジオに俺のありとあらゆる、楽器じゃない楽器までズラーッと並べて、〝音が彫刻に変わった〟っていうようなセッションをしたんだけど（12〜13ページ参照）、相変わらずこういう〝ぶっ壊して創る〟動きもしながら、かたや、永ちゃんでは〝矢沢永吉の様式美〟をわかりやすく聴かせて客をいかに喜ばせるかっていう世界だし、同じ歌ものでも翌年の（井上）陽水さんの『クラムチャウダー』の様式美は〝品〟の世界で、まったく別物だからね。その『クラムチャウダー』の世界が、俺の本当の姿かもしれない。創っていこう、ぶっ壊そうっていうエナジーとは逆に、歌の中にタッチとか歌い方で〝ひたれる〟っていう世界だよね。

註1／中村哲『SPLAASH』（79年）
中村哲（key, sax）、大村憲司（g）、マーティン・ウィルウェバー（d）、渡辺建（b）、清水信之（key）、ペッカー（per）、森園勝敏（g）、村上“ポンタ”秀一（d）、小原礼（b）、マック清水（per）、清水靖晃（sax）、砂原俊三（sax）、向井滋春（tb）、他

註2／ラテン色満載の「LATIN STUFF」
78年12月に新宿紀伊国屋ホールで行なわれたアルファ・フュージョン・フェスティバルで、大村憲司（g）、小原礼（b）、村上“ポンタ”秀一（d）、坂本龍一（key）、ペッカー（per）のメンバーによる「LATIN STUFF」が、『大村憲司のギターが聴こえる』（リットーミュージック刊／2017年）付録CDに収録されている。

註3／ティンパル
ラテン音楽で使用する“ティンバレス”は、シングル・ヘッドの大小の太鼓がセットになっているが、その個々の太鼓のこと。

註4／「タカチーチーチー」
CD TIME：0’55”〜の“タカトコドコドコタカチーチーチー”というフィル。

註5／「6連符を4個ずつ割っていく」
CD TIME：4’43”〜付近。

註6／ウィントン・マルサリスの『スタンダード』
86年発表の『Standard Time vol.1』のこと。例えば6連符を2個ずつ3つに括り、その3つを“ワン・トゥ・スリー”と数えると3倍の速さになる、いわゆる“メトリック・モジュレーション”というテクニックで、この「枯葉」では、ウィントンのトランペットのテンポは変わらずに、ドラム（ジェフ・ワッツ）とベース（ロバート・レズリー・ハーストIII）とピアノ（マーカス・ロバーツ）だけが、メトリック・モジュレーションでさまざまなテンポを往来する。

註7／「85年の目まぐるしいスケジュール」
この当時、ポンタが常に携帯している月ごとのスケジュール表をドラム・マガジンが撮影した写真が残っていた。詳細は14ページへ。

第7章

渡辺香津美

MOBO倶楽部
◉
桜花爛漫

渡辺香津美

MOBO 倶楽部

1984年7月〜9月 録音／1984年 発表

[Song List]

1. 風連
2. 予感
3. つるかめひなタンゴ
4. 危険がいっぱい
5. 強制接吻
6. サッちゃん
7. CIRCADIAN RHYTHM
8. Σ

All Compositions by 渡辺香津美
except「つるかめひなタンゴ」
by 渡辺香津美／沢村満

[MOBO BAND]

渡辺香津美(guitar, guitar synthesizer, voice, emulator, tai-ko)
橋本一子(piano, keyboards, voice)
グレッグ・リー(bass)
渡辺建(bass)
村上"ポンタ"秀一(drums)
仙波清彦(percussion)
沢村満(sax, suzu)

guest musician
坂田明(alto sax, voice)

- Produced by 渡辺香津美
- Co-Produced by MOBO BAND & オノ・セイゲン
- Recording & Mixing Engineer オノ・セイゲン
- Recorded and mixed at Polydor Studio & Onkio Haus, July-September 1984

[Ponta's Drum Kit]

◎ **Drums**：PEARL FX Series and more

渡辺香津美

桜花爛漫

◉

1985年4月10日 録音／1985年 発表

［Song List］

1．イントロダクション
渡辺香津美（g-solo）

2．アメリカン・ショート・ヘアー
渡辺香津美（ｇ）／村上“ポンタ”秀一（ｄ）／グレッグ・リー（ｂ）／橋本一子（key）／向井滋春（tb）

3．Σ
渡辺香津美（ｇ）／村上“ポンタ”秀一（ｄ）／グレッグ・リー（ｂ）／橋本一子（key, vo）／渡辺建（ｂ）／仙波清彦（ｄ）／沢村満（sopranino）

4．危険がいっぱい
渡辺香津美（ｇ）／村上“ポンタ”秀一（ｄ）／グレッグ・リー（ｂ）／渡辺建（ｂ）／仙波清彦（per）／坂田明（as）／梅津和時（as,toy）

5．グッド・バイブレーション
渡辺香津美（ｇ）／村上“ポンタ”秀一（ｄ）／グレッグ・リー（ｂ）／梅津和時（as, toy）

6．遠州つばめ返し
渡辺香津美（ｇ）／村上“ポンタ”秀一（ｄ）／グレッグ・リー（ｂ）／橋本一子（key）／渡辺建（ｂ）／仙波清彦（ｄ）／沢村満（sopranino）／片山広明（ts）

7．ユニコーン
渡辺香津美（ｇ）／村上“ポンタ”秀一（ｄ）／グレッグ・リー（ｂ）／橋本一子（key）／渡辺建（ｂ）／仙波清彦（ｄ）／沢村満（sopranino）

8．上海
渡辺香津美（ｇ）／村上“ポンタ”秀一（ｄ）／グレッグ・リー（ｂ）／沢村満（sopranino）

9．風連
渡辺香津美（ｇ）／村上“ポンタ”秀一（ｄ）／グレッグ・リー（ｂ）／橋本一子（key）／渡辺建（ｂ）／仙波清彦（per）／沢村満（as, sopranino）／青山純（ｄ）／れいち（ｄ）／横澤龍太郎（ｄ）

・All Compositions by 渡辺香津美
・Produced by 渡辺香津美
・Recorded Live at 新宿厚生年金ホール on April 10, 1985
・Recording Engineer：オノ・セイゲン
・Recording Mobile by TAMCO Co., Ltd
・Mixed at Polydor Studio in April, 1985
・Mixing Engineer：オノ・セイゲン
他

[Ponta's Typical Drum Kit in MOBO]

◎ **Drums**：PEARL FX Series（22"×18"BD［main］／18"BD［right side］／12"TT／13"TT／14"TT［12"～14"はすべて深胴］／16"Roto Tom／16"FT）
◎ **Snare Drums**：14"×5"［main］／14"×12"SD［left side 1］／14"×3.5"［left side 2］
◎ **Cymbal**：SABIAN［L→R］8"splash／18"crash／16"crash／10"splash／22"ride／20"crash／22"chinese／20"crash

〝MOBOⅢ〟と〝倶楽部〟とでは180度アプローチが違う

――香津美さんは、ポンタさんとのMOBOバンドやMOBOⅢに至る過程では、YMOのサポートを辞して80年3～4月にはマイク・マイニエリのプロデュースでニューヨークのミュージシャンを起用して『TOCHICA』（80年）をレコーディング、帰国後には清水靖晃、笹路正徳、山木秀夫、高水健司の四氏とKAZUMI BANDを結成して『TALK YOU ALL TIGHT』（81年）『ガネシア』（82年）を発表、そして、83年にはスライ＆ロビーとオマー・ハキム＆マーカス・ミラーという2組のリズム・セクションを率いて『MOBO』（83年）を完成させていました。当時、ポンタさんも当然、香津美さんがこういうアルバムを作ったという事実や音は耳に入っているわけですよね。

もちろん。それどころか、アルバムの構想を練るときに少し付き合ってたんだよ。やっぱり『TOCHICA』からもう何かが見えたんじゃないかな。だってそれ以降の活動は芯がブレてないし、あいつがこういうことをやりたいって言ったとき、俺は瞬間的に、日本のリズム・セクションよりもオマーとマーカスとかスラロビが思い浮かんだから、彼らと触発的に曲を作って、セッションではあるけど一応ちゃんと形は作って……みたいな話を香津美としたのを覚えてるもん。「担当ディレクターの斉藤（有弘）さん――俺の『PADANG RUMPUT』でニューヨークに飛ばされちゃった――に無理言って向こうでレコーディングしてくれれば？」って。帰ってきたあとにKAZUMI BANDもやってたけど、『TOCHICA』からやりたいことの基本形はずっと似てて、それが『MOBO倶楽部』にもつながってると思うな。

――ニューヨークで『MOBO』をレコーディングして83年10月に発表されたあとすぐに、今度は日本で、渡辺香津美＋《グレッグ・リー／渡辺建》＋《村上〝ポンタ〟秀一／仙波清彦》という、ダブルベース、ダブルドラムの〝MOBOバンド〟が結成され、12月頃から六本木ピットインなどで活動が盛んになりますよね。

ダブルベースって言っても俺にとってはけっこう普通で、チョロチョロ動き回るヤツとずっとベーシックを弾いてるヤツっていう両極端がいて、それが合わさるとけっこう面白いんだよ。ただ、合わせたときのことを考えてそれぞれの役割を作ってるから、一般の人は『MOBO倶楽部』を聴いてもベースはひとりだと思うんじゃないかな？　でもダブルベースは、ひとりのときとは〝調味料〟が違うから、それを踏まえてよく聴いてみなよ。

かたや、俺と師匠とのダブルドラムはもう、この頃には完成されてるからね。ほぼ一段譜に聴こえるんじゃない？　師匠とは同時期に〝はにわ〟とか〝オレカマ軍団〟をやってて、ドラム5台でひとつのドラムセットみたいに聴こえるなんてことをしょっちゅうやってたわけで、それがMOBOバンドではふたりだからもっと緻密だったはず。ふたりでけっこう考えたからね。

——ダブルにすることでひと味違う調味料が加わるし、両極の幅が広がると。

香津美の意図もそういうところだったと思うな。そうそう、あと重要な人が抜けてるよ、橋本一子。MOBOバンドのスターは一子だからね。六本木ピットインで、タイツから何から全部黒のSMの女王みたいな恰好して巫女さんみたいなメイクした一子が、香津美のスタインバーガーの弦をベロベロにしてカッティングしたりマイクに擦りつけたり、超ミニスカートで客のテーブルの上に乗っかったり……六ピでだよ（笑）！「どうしたんだ、一子!?」って思ったら、次の曲ではパッとアコースティック・ピアノの前に座って妖艶で綺麗なボサノヴァ弾くわけ。それがすごくうまいんだ。だからその変化がすごいのよ（笑）。ホントに「橋本一子様」って書かれた鞭《むち》の差し入れが多かったんだからね（笑）。あとはソプラノ・サックスのみっちゃん（沢村満）ね。ホントにチョコチョコなんだけどすごく良いフレーズを吹くんだよね。〝みっちゃんスタイル〟を見倣って出てきたサックス奏者ってけっこういるんだよ。

——MOBOバンドでは〝曲〟はどうやって仕上げていくんですか？

香津美がリフとかモチーフを書いて持ってきても、ある種、後期の大人数のマイルス・バンドみたいにマーカスが勝手に作ってバックが全部固めておいて、その上で親分が好き勝手やってるみたいな、そういうノリがあったよね。つまり、リーダーは香津美なんだけど〝アレンジャーとしての香津美〟じゃなくて、ひとりのプレイヤーっていう。実際、アレンジらしいアレンジってなかったし、お互いアドリブの応酬だから。MOBOバンドって、パフォーマンスも強力だったけど（笑）、サウンドも過激なバンドだったんだよ。

——そして、年が明けた1984年には、3月14～18日に六本木ピットインで〝渡辺香津美5デイズ〟公演がありましたが、その初日の出演が〝トリオ〟、つまり〝MOBOⅢ〟なんですね。

MOBOⅢって、一ノ関のベイシーのパーティーがなかったら出来てなかったんだよ（161ページ写真参照）。『MOBO』の後、半年後くらいだったかなぁ……ベイシーが何周年かでパーティーをやるっていうんで、俺は明ちゃん（坂田明）のデュオと、もうひとつ、香津美とグレッグ（リー）のトリオをやったのね。そこには、なぜかリハーサルから高平（哲郎）さんから筒井（康隆）さんから、[註1]ホワイトの一派がみんな遊びに来てて、リハで「ユニコーン」を演ったのかな？　いきなり高平さんが来て「君たちは上手だからグループにしなさい」って、それで決まり（笑）。でもこの日のライヴで香津美は、ある意味〝見えた〟んだと思うんだ。

——では、アルバム『MOBO倶楽部』で使ったセットは？

当時、MOBOバンドのツアー中に、ドラム・マガジンが大阪のサンケイホール[註2]まで取材に来てくれて撮影もして、それが表紙になったんだけど（165ページ写真）、そのときも白セットだったのを覚えてるし、今回あらためてアルバムを聴いたけど、『桜花爛漫』も含めてFX（ファイバーグラス・シェル）の音だよね。タムで表情をつけるようなサウンドじゃないし、仙波さんとの〝組み合わせ〟が面白いグループでもあるから、前に2個、フロアが1個が基本で、左に（深さ）12インチのスネアを置いたり、ロートタムを足したりしてたんじゃないかな。この当時、師匠が初めてドラムセットを買ったっていうのが新鮮で、みんなで取り巻いてまじまじと見たことがあったなぁ（笑）。ふたりで丸っきり同じチューニング、同じ音色で、ヘッドもスティックも同じの使ってそっくりにして演ってる時期もあるよ。だから師匠か俺かわからないところもあるかもしれない。ダブルドラムって、本当は音色が違うから面白いのにね。それにMOBOは、今みたいなエレクトロニックを導入していたらもっと面白いサウンドになったと思うけど、そこまで手が回らなかったし、基本、俺は生にエレクトロニックを組み込んで1セットにするって嫌いなんだ。EPOのライヴのシモンズみたいに、それぞれセットで使いたい。

——でも、アルバムにはエレクトロニックを導入しているんじゃないかと聴き紛う音もたくさん入っていますよね？

　そういうところは師匠がうまいのよ。Wha-ha-haのときには〝和太鼓セット〟があったけど、このアルバムでは和太鼓系は使ってなくて純粋なドラムセット。俺も一応ロートタムとかいろんな楽器を全部持って行ってて、師匠が勝手にピックアップして使ってたよ。でもさ、このアルバム、ドラムの音色が、俺がそれまで使ってたドラムの中で特筆して俺らしくない音してるよね？　なんかローも少ないし。それはセイゲンの狙いかもしれない。

――サウンドに関しては、ミキサーのオノ・セイゲンさんの存在も大きいんですか？

　そう、MOBOはセイゲンが重要人物なんだよ。これがまた隠れた天才でさ、ドイツを拠点にしてた時期もあって、とにかく超個性的な音ばっかり求めてるっていう……エンジニアなんだけどやっぱりプロデューサーなんだよね。当時、三宅純のレコーディングとかライヴにいつも来てて、音録ったり、気がつくといつも周りにいたっていう記憶がある。とにかく、セイゲンはもう世界中でコイツしかいないっていうタイプで、ミュージシャンよりもミュージシャンみたいなところがあるんだ。だから、音色のことは完全にセイゲンにお任せ。ドラムだけじゃなく、全体を「好きにやって」って。香津美も、エフェクターは自分で選ぶけど、「もっとリヴァーブを深くして」とかそういうことはいっさい言ってないと思う。

——では1曲目からうかがっていきます。まず「風連」ですが、冒頭のフェイドインからポンタさんの8分ウラのハイハット・オープンというビートがすごく新鮮でした。珍しいですよね？

あらためて聴き直してみたら、4拍目ウラからクッて入る〝ツタッタッタ〜〟っていうキメでも、キックは合わせてクッてるだけじゃなくて、たまに次のアタマ拍も踏んで“ツタッタッタダ”って2連打してるところもあって、それは俺も新鮮だった。おそらく俺はクッてるけど、師匠はオンで踏んでるんだな。このアルバム全体に言えるけど、師匠とのコンビネーションがすごくよくできてる。キメもめちゃくちゃ多いけど、即興的にじゃなくてちゃんとみんな同じことやってるから、計算づくなんだよね。

——すると2曲目「予感」では、イントロから静かにタムの印象的なフレーズでスタートします。

あれはミニマル・ミュージックみたいなニュアンスだよね。結局〝予感〟だけで終わっちゃって展開しない、みたいな（笑）。当時〝ムクワジュ〟[註3]ってグループがあって、クラシックと現代音楽の高田みどりさん——いろんな打楽器をやるけど特にマリンバの名手だよね——と千野（秀一／ｓｙｎ）と、もうひとり定成（庸司／ｐｅｒ、ｍａｒ、ｖｉｂ）君と4人で、同じBetter Daysレーベルでアルバム作ったんだけど、もう嫌になるくらいずぅーっと同じことを延々とやるわけ。レコーディングのとき、みどりさんが「ポンタさん、ずっと同じパターンをやっていてください。苦しいでしょうけど」って、1時間経っても止めなかったからね。当時16チャンネルだから（アナログマルチ）テープは24分くらいしかもたないんだけど（笑）。

——ストーリー作りの鬼であるポンタさんが、同じフレーズを1時間以上続けるというのは……。

普通なら、ちょこざいな技に入っていくのが俺の業なんだけど（笑）、マレットでタム4つとマリンバを延々と、だからね。でも、ムクワジュはそこからどんどん足していくっていう作り方だったの。

——この『MOBO倶楽部』でも、ポンタさんがいつも以上に根底の〝土台〟を作り、その上で香津美さんや仙波さんを始めソリストが動き回るというサウンドに聴こえます。

そういう見方もできるだろうし、実際そうなんだろうな。同じ香津美がリーダーのグループであっても、〝MOBOⅢ〟と〝倶楽部〟とでは、180度アプローチが違うからね。だからMOBOⅢでハジけたわけよ。

——そして、キング・クリムゾンの「One More Red Nightmare」を彷彿させる、7拍子のリフがメインの「危険がいっぱい」ですが、中盤の5／8＋9／16というキメが非常に複雑ですね。

これはもう思いっきり香津美色で、香津美が作ってきた3種類のモチーフをリハーサル番号で切り替えていくっていうパターン・ミュージックだよね。まず、（渡辺）建ちゃんがいいよね。最初のリフに入る前で、ヌメ〜ッとしたベースを弾いてるかと思えば、香津美が単独になる5／8のフレーズのところは、2オクターブ上で、香津美のメロディを5／8の3つ目からズラしてなぞってたり、ものすごく面白い役割をしてるよね。音色も、香津美と建ちゃんをうまいこと絡めて妖艶な雰囲気になってるのは、セイゲンのアイディアだね。（キング・クリムゾンの）ロバート・フリップってそういう作り方だし、（ビル）ブラッフォードもその上で拍子関係なく4／4で叩いてたりするもんね。俺も7拍子のモチーフは、[註4] 7拍子なんだけど、あえて4／4でやってるよ。

　中盤のキメは、複雑ではあるけど単なるモチーフだよ。仙波さんがずっとパターンを叩いてるけど、別のところではもっと面白いことやってるから、逆に俺はかなりシンプルに叩いてるよね。

——続く「強制接吻」は、仙波さんとポンタさんのダブルドラムが、実にうまいこと組み合わさってひとつのビートになっていますね。

　この曲はコンビネーションが素晴らしいね。仙波さんと俺の勝利だな。（イントロ部分で）上モノで面白いことやってるのが師匠で、ヘンなスネアの音色でパターンやってるのが俺。次のパターンに行っても、俺が（タワー・オブ・パワーのデイヴィッド）ガリバルディの出来損ないみたいなビートをやってて、仙波さんが金モノをやってるね。あらためて聴いたけど、すごく面白い。

――確かに、ポンタさんのビートはタワー・オブ・パワー「オークランド・ストローク」のようですね。

そうそう、「オークランド・ストローク」！　俺のはもっとサウンドがトゲトゲしいけど（笑）。この曲もホントにいろんな音色が組み合わさってるからね。仙波さんだけ妙に生っぽくてブッ太かったり、それもセイゲンのアイディアだよね。

――このダブルドラムも、レコーディングは一発ＯＫですか？

一発だよ。ツインドラムは、お互いがやることを決めて死守すればいいの。逆に聴き合ったり考えたりしたら１００分の何秒ズレちゃうから。

――そして「サッちゃん」のドラム・サウンドも非常に独特ですね。

これ、タム系を叩いてるのが師匠で、〝ベェ～ン……　ベェ～ン……〟っていうヘンな音のスネアが俺。このスネアが、前の章でも話した（斉藤）司っていう楽器好きのアシスタントが作った、ボトムヘッドとスナッピーだけの〝1枚スネア〟（５ページ写真参照）だよ。それ叩いてるだけだから、この曲は俺、たまにフラムを入れるくらいで楽だったよ（笑）。

――一転、高速4ビートの「CIRCADIAN RHYTHM」はトリオ、つまり〝MOBOⅢ〟での演奏になります。

（実際に音源を聴いてもらうと……）おー、もうMOBOⅢ、出来てるじゃん！　メカニカルなところと、あからさまに怠惰なくらい自由なんだけど拍がちゃんとあるっていうね。（まだ聴き続けて……）カッコいいカッコいい！　MOBOⅢ、素晴らしい！　これ、丸っきり即興だよ。誰かが何かを演りだしたら、そいつがリーダーになって3人がグッと集まって、また誰かが別のことを演りだしたらそっちに行って……って、耳とココ（と胸を叩いて）で瞬時に反応し合ってるのがよくわかるよね。それが香津美とグレッグと俺の妙なんじゃないかな。何の計算もないし、やる度に中身が全然違うからね。俺も好き勝手やり倒してるけど、4ビートだからってヘンにジャズ的なアプローチをしてないし、3拍目にスネアをバキーン！って打ってるのがもう「潰したる！」って感じでいいよな。途中でリムショット[註5]（で静か）になる場面だって、その変化が妙に合ってるし、セットはFXだけど、キックがノーマル・ピッチとものすごくハイピッチの2種類使ってるのもいいね。ただ1セクションが長いよね（笑）。もっとめくるめく展開したらもっとオモロいのになぁ。

――グレッグさんのベースにはどういう印象をお持ちですか？

アイツも次利と同じくらい、超ユニークで、いわゆるベーシストらしくないベーシストだよね。俺、グレッグが４ビート演ってるときのベースラインが好きなんだけど、すごくわかりやすいのにダサくないっていうのも珍しいタイプだし、それに、他では一定のパターンも弾くんだろうけど、俺と一緒のときはものすごく自由に弾くんだよね。それがすごく面白い。アンソニー（ジャクソン）でも、もうちょっと曲の基本形は弾きつつ手数を出すんだけど、グレッグはどアタマから全然違うところから来たりするから。そこに全員がすぐ反応したり、逆に無視したり、ＭＯＢＯⅢはその面白さがすごく大きいよね。

――「CIRCADIAN～」でも、非常に存在感がありますね。

逆に言うと、こうやって聴き直してみると、建ちゃんってダブルベースで自分がどうあるべきかってことを本当によく考えてるのがわかった。だからこそグレッグが良い意味で目立つんだよ。で、あらためて思ったけど、これだけ自由な発想で音を楽しんでるバンドってほとんどいないよね。ＰＯＮＴＡ ＢＯＸでさえ、ＭＯＢＯⅢに比べれば上品なバンドだもん。

――自由な発想で音を楽しむというのが、トリオの醍醐味なんですね。

そうだね。やっぱり〝会話〟だから。

――ラストの「Σ」は、スタジオ・ライヴのような感じですね。

そうだね。最初に香津美が「こういう曲だよ」って説明してくれて、「じゃあ好きに演ってみようか」ってみんなで音を出してみたのをセイゲンが軽く録ってたんじゃないかな。そんな感じのテイクだよね。で、イントロでアコースティック・ギターの遊びをちょこっと入れて、なんていうのもセイゲンの編集だと思う。全部テープ回してるから、このテイクはあそこに使って、別のニュアンスの音で録ったテイクを次に使って……とか、そういう構成が全部頭の中で見えてるんだよね。

やっぱりネオンはいいよなぁ……香津美、行こうか！

――さて、84年7～9月に『MOBO倶楽部』をレコーディングしたあとも、例会だけでなく9月～12月にかけて〝近日参上ツアー〟など積極的にライヴ活動を続け、翌年4月10日に新宿厚生年金会館大ホールでのライヴ・レコーディングが『桜花爛漫』となります。このライヴ・テイクでは随所に〝ベンチャーズ〟が登場するのですが、ポンタさんの〝ベンチャーズ〟〝メル・テイラー〟は他ではなかなか聴けませんよね？

香津美は当然ベンチャーズの鬼だし、（大村）憲司もＣｈａｒも、みんな究極はベンチャーズなんだよ。で、俺のベンチャーズはシャレよ。ヘタだから（笑）。高校の親友たちが組んでるベンチャーズ・バンドに呼ばれたことがあるんだけど、「お前、ドラムで有名なんか知らんけど、もっとベンチャーズ勉強せなアカンで」って言われたからなー（笑）。「俺はああいうビートが叩きたくてドラムを一生懸命精進してきたんとちゃう！」って（笑）。当時はストーンズに行くかベンチャーズに行くかで、ストーンズに行くヤツは不良で、俺の周りはみんなベンチャーズだった。でも日本だけだよ、異常なくらいベンチャーズが染みついてるのは。ギタリストが集まると全員ベンチャーズができるんだから。布袋（寅泰）だって楽屋で弾くからね。

――『桜花爛漫』では、「危険がいっぱい」で梅津和時さん、「遠州つばめ返し」で片山広明さんが入りましたね。あらためて聴いていただいて、どんな感想ですか？

それもまた『寿限無』からつながってるんだよね。もうＲＣサクセションのサポートなんかもしてた時期だけど、とにかくみんなハチャメチャで面白い連中ばっかりだった。片山なんて、オーソドックスをやらせたらあれだけうまいのに１／１００に潰して吹いてるみたいな感じだもんな。

――「Good Vibration」は一転、珍しいほど爽快なポップ曲ですね。

そう、俺はできるだけ余計なことはやらないっていうポリシーだね。原曲は〝勉強とりお〟なんだよ。ドラムが（正木）五郎ちゃんで山岸（潤史）と石田（長生）と香津美のね。そのレパートリーで、五郎ちゃんのキック４つのパターンが妙に良かったから、俺も真似したわけ。同じ時期に〝大江戸花の勉強会〟っていう、ギタリスト３人が寺内タケシさんを呼んでブルージーンズに入門するっていうサイコーに楽しいコンサートがあったんだけど（84年5月）、ＭＯＢＯⅢがメインで、勉強とりおのコーナーがあって、〝勉強会〟だから、寺内さんのコーナーはちゃんと講座があるわけ。ちゃんと落語の〝めくり〟まで用意されてて、最初に〝愛礼〟って礼をするところから始まって、ベンチャーズばっかりやって、最後には卒業証書をもらえるんだよ。で、卒業するときに校長にギタリスト３人が各々プレゼントするんだけど、まず香津美がすごく良い扇子を渡して、次に石田が中国の古酒、で、最後に山岸が菓子折りを渡したんだけど、つまり「『仰（扇）げば尊し（陶陶酒）我が師（和菓子）の恩」って（笑）。ウケたよなぁ〜。

で、俺ら高校生の頃は、エレキ・ギター持ってるだけで停学なんてザラだったから、このとき寺内さんがＭＣで「ミュージシャンのことをけなしてもいいけど、ギターのことは優しく見てやってください」なんて話もけっこう染みてさ、サイコーに楽しいコンサートだったよ！　俺も寺内さんに「ドラムの若造、けっこう叩くな。うちのクビにするから明日から来い」ってなんて言われて……しかもステージで（笑）。ギタリストにとっては神様みたいな存在だから、逆に普通に話してる俺を見て、

３人とも「いいよなぁ〜ポンタは」みたいな感じだった（笑）。

――続いて「ユニコーン」からは「遠州つばめ返し」「風連」と、コンサートのラストパートになりますが、「ユニコーン」が面白いですね。「キャラバン」でベンチャーズの余韻を残しながらもスパニッシュ風味のインプロヴァイズが続き、ラスト、残すところ25秒あたりのエレドラのフィルを合図に突然「ユニコーン」のリフがスタートし、しかも２拍４拍のバックビートでグイグイ押していくプッシュ感が熱いです。

まぁその展開はライヴ盤にするときに編集しているんだと思うけど、あらためて聴くと面白いな。師匠と俺、自由にやってるけど、精神は最初の「キャラバン」をずっと貫いて演ってるのがいい。しかもまた建ちゃんのベースがいいところで出てくるんだ。そこまではグレッグだけで演ってて、建ちゃんが下の方でグワ〜ンって出てくるっていう。ホントによくツインベースを考えてるよね。で、そこまでいい感じで持ってきたのに、（「ユニコーン」に入る直前の）俺と師匠のキメ〝タカドコドコドコ・ドコドコズバッバッ!!〟だって（笑）。他になかったのかよ（笑）！

「遠州つばめ返し」も建ちゃんのベースがいいんだなぁ。ユニゾンがグレッグだよね。で、片山のサックスがまた傑作！　なぜか、東映の時代劇で富士山をバックに東海道を飛脚が走ってる絵ヅラが浮かぶんだけど（笑）、これはこれで面白い。師匠のリムショットも〝東海道五十三次〟のイメージで、そこに片山が〝飛脚〟で入ってくるっていう（笑）。この曲は、穏やかな春の日和に飛脚さんだけ一生懸命走ってるっていう、すごくのどかなイメージだよね。いやぁしかしオモロい！『桜花爛漫』もこんなにオモロいとは思わなかったなぁ。

やっぱり、これだけかなりの達人が集まって、遊び心と真剣さをもって演ってる――超ヤンチャな子たちなんだけどちゃんとしてるっていうね――こういう音楽って、最近ほとんど聴かないよね。懐古趣味はまったくないけど、この頃は総じて面白かった。だって音が生きてるもん。この15年くらいは、商業ベースな作り方／ビートか、あるいは、ロバート・グラスパーみたいに昔のマイルスとかハンコックを背景に感じるようなニューヨークからの影響が主流って印象があるけど、こういういろんな要素が入ってる自由さって、日本ならではだと思うし、ワールド・ミュージックって意味では日本が特に面白いんじゃないかな？　それに江戸情緒があるっていうが俺達の強みだよね。それもやっぱり〝仙波さん〟に代表されるんじゃない？　だって〝本物〟だから。ちゃんとしたベーシックがありつつ、それを潰して遊び心もある……そうじゃなきゃね。

――その〝遊び心〟の集大成、大団円が、オレカマ軍団も加わった最後の「風連」ですね。

こんなことをやったのは1回だけだと思うな。それにこの曲は「風連」をテーマにしたセッションになってるけど、実際は、アルバムには入ってないけど「オレカマ」（2章96ページ参照）を絶対に演ってるはず。で、「オレカマ」を演ってから各々のドラムがソロをやって引っ込んでいくっていう構成なんだけど、新宿厚生年金って、ステージの真横にでっかい楽屋があって、俺が最初にやってアオジュンがやって、４人終わって楽屋に引っ込んで、最後の仙波さんのソロを聴いてたら、往年のジャッキー吉川さんみたいな〝タカタカドコドコ〜〟って単純なフィルなのに、観客がドワ〜ッと盛り上がってるわけ。「え、なになに？」ってみんなで見に行ったら、仙波さんが左手を振ってニャァ〜とか言いながら、右手1本でものすごい速さでタカタカドコドコ〜をやってるわけ（笑）。俺、そのとき初めて見てショックだったもんなー。全員、目が点だった!!

――さて、この新宿厚生年金のライヴの6日後、4月16日には〝MOBOⅢ〟でニューヨークへ渡り、18日からセブンス・アベニュー・サウスを皮切りに全米18ヵ所のツアーに出ますね。

一ノ関のベイシーで始まってから全米ツアーまでの間に、トリオでそんなにライヴができたわけじゃないけど、楽曲が同じでもトリオが面白いと思ったスタッフが全米殴り込みを企画したんじゃないかな。ただ、少なくとも俺らはトリオの方が自由で面白いと思ってたし、とにかく楽しんじゃってたよ。ＭＯＢＯⅢは面白かったから。

――ポンタさんが行き着く先は、やっぱり〝トリオ〟なんですね。

そうなの、やっぱり自由なんだなぁ〜。それこそ本番前にグレッグの（ベースの）弦をわざと切っちゃって、本番の最初の40分は香津美とふたりで即興を演ったりしたけど、当然「ユニコーン」とか「遠州つばめ返し」とか、いろんな曲が出てくるからね。俺らはそれだけでも楽しかったし、向こうのヤツにはウケまくったんだよ。

——え？　本番前にグレッグさんのベースの弦を切ったというのは？

アイツは、本番前に楽屋で弾いてたことを本番で、しかも1曲目からモロ演るときがあるわけ。そういうのが許せないの。ジョージ・コールマンがマイルス・バンドをクビになったのだって、ツアー先のホテルの廊下かなんかで鏡に向かって吹いてたのをマイルスが聴いてて、それをステージで吹いたその日でクビだからね。いや、香津美だって楽屋でよく弾いてるけど、それをステージで弾くってことはまずない。憲司だってそうだよ。

——香津美さんとの即興デュオについてはどういう印象を持っていますか？

楽曲的な進行のコード感ってほとんどなくて、香津美の頭の中で鳴ってる独特なコード進行の中、アイツのアドリブに俺が勝手に合わせていくっていう、ホントの〝対話〟だよね。一時、その独特のコード進行が鼻について「弾いてることの意味がわからない！」ってブー垂れたこともあったけどね。

――ちなみに、MOBOⅢでの全米ツアーはどこを回ったんですか？

全米ツアーも、まぁいろんなところでやったよ……いきなりセブンス・アベニュー・サウスで、ミュージシャンの客がいっぱいいてさ、ベースだけでも、それこそマーカスだ、ジャコだ、アンソニーも、ウィルもみんないて「ステージ、上がってくんなよ！」って言ったくらい（笑）。マーカスなんて『MOBO』のアルバムの曲を演ってるから大喜びしてたよね。で、ロサンゼルスではヘヴィメタの連中しか出ないライヴハウスでやって、なぜか超満員だったけど（笑）。

ニューヨークから入って東海岸を下りて南部に入って、テキサスで2公演やって、横断して西海岸ではラスベガスからサンディエゴ、ロス、サンフランシスコとやって、シアトルまで上がって行って、最後はまたニューヨークに戻ってくるっていう。で、最後の方はスティーヴ・カーンのバンド、アイ・ウィットネス（スティーヴ・ジョーダンとアンソニー・ジャクソンとパーカッションのマノロ・バドレーナ）と一緒に回ってるからね（163ページ写真参照）。やっぱりアメリカって都市以外はド田舎じゃない？　で、ニューヨークに戻ってきたら、ホテルがブロードウェイのど真ん中の51丁目あたりで、もう暗くなってたんだけどベランダに出て、香津美と「終わったな」とか言ってシャンパンで乾杯しながら、「やっぱりネオンはいいよなぁ……香津美、行こうか！」って、もうギターとスティック・ケース持って繰り出しちゃったもんね（笑）。

註1／「ホワイトの一派」

かつて四ツ谷四丁目にあった伝説のバー。ポンタは山下洋輔の手引きでこのバーに出入りするようになると、そこは『オレたちひょうきん族』や『笑っていいとも』などを手がけた放送作家の高平哲郎や赤塚不二夫、筒井康隆、色川武大、糸井重里、村松友視などをはじめ文化人の溜まり場だったという。

註2／「大阪サンケイホールでドラム・マガジンの取材」

1985年 No.9号掲載。84年11月12日にサンケイホールで行なわれたMOBOバンドのライヴ時にドラム・マガジンが取材。大阪で行なわれた理由については、多忙によりポンタの東京でのスケジュールが取れなかったためだと記されている。MOBOバンドについて当時の取材者による“破壊的で創造的”との表現は言い得て妙。

註3／ムクワジュのBetter Days作品

1981年12月25日にムクワジュ・アンサンブル名義で発表された『樹・モーション』。プロデュースは千野秀一。

註4／「7拍子なんだけど、俺は4／4でやってる」

ギターリフの7拍子メロディの中、ポンタは「7拍」サイクルでフレージングするのではなく、ずっと“ドンタンドンタン～”という偶数サイクルの基本ビートを叩いて、2小節＝14拍ごとにアタマが合う、というスリリングさを演出している。

註5／「途中、リムショットで静かになる場面」

「CIRCADIAN RHYTHM」のCD TIME：0分55秒付近～。

第8章

井上陽水

クラムチャウダー

井上陽水

クラムチャウダー

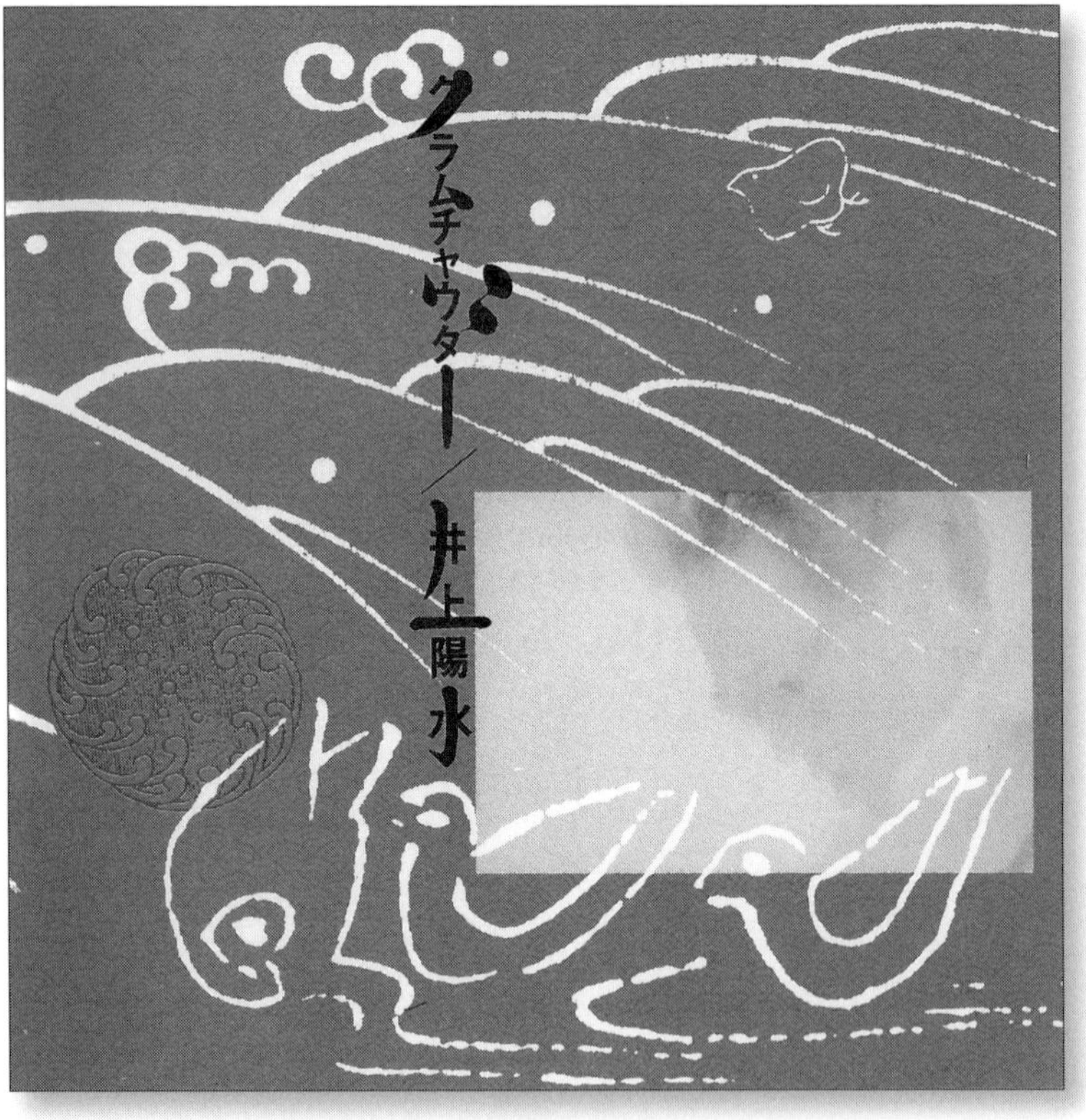

◉

1986年6月15日／16日 録音◎1986年8月27日 発表

［Song List］

1. 帰れない二人
［作詞／作曲：井上陽水・忌野清志郎］
2. ミス コンテスト
［作詞／作曲：井上陽水］
3. 娘がねじれる時
［作詞／作曲：井上陽水］
4. ミスキャスト
［作詞／作曲：井上陽水］
5. 新しいラプソディー
［作詞／作曲：井上陽水］
6. 灰色の指先
［作詞／作曲：井上陽水］
7. ジャスト フィット
［作詞／作曲：井上陽水］
8. ワインレッドの心
［作詞：井上陽水　作曲：玉置浩二］
9. 結詞
［作詞／作曲：井上陽水］

All arranged by 大村憲司

［MOBO BAND］

井上陽水(vocal, guitar)
大村憲司(guitar)
浜口茂外也(per, flute)
村上“ポンタ”秀一(drums)
高水健司(bass)
中西康晴(piano)
小林武史(keyboard)

・Produced by Camp Co., Ltd.
・Recorded and Mixed by 大川正義
・Recorded at NHK HALL on June 15-16, 1986

[Ponta's Drum Kit]

◎ **Drums**：PEARL FX series（Fiberglass shell）22"BD＋10"TT＋12"TT＋14"FT＋16"FT & Single Head Tom× 2（on the left）/PEARL Drum X（4 Pads）/ Percussion set（12"HiHat＋14"×3.5"Free-floating Brass SD, Timbales & Bongos, Caxixi,）
◎ **Snare Drums**：Maple 14"×6,5"（coated head/pin-stripe head）
◎ **Cymbals**：SABIAN HH series & AA 22" Chinese

俺の活動の中で3本指に入るくらいハイランク

――今回『クラムチャウダー』を1枚通して聴いていただくのは久しぶりだと思いますが、普段からポンタさんと話している中で、このアルバム、そしてこのツアーはものすごく印象に残っているのだなぁと感じています。

そう、今回久しぶりに聴き直して、映像[註1]もチラッと観たけど、いろんな意味で印象に残ってるし、俺の活動の中で3本指に入るくらいハイランクだよね。(前の章の)角松とかEPOの話で〝無駄な音がない〟って言ってくれたけど、このライヴこそ、無駄な音がないっていう意味では最高なんじゃないかな。1音も無駄な音がない。余計なフィルもないし、〝チッ!〟っていうハイハットのカマしすらやってないもんね。

音は当然素晴らしいし、小林武史と初めて出逢ったときのこととか、ステージの美術とか、想い出もいっぱいある。このツアーは舞台美術の人が担当したんだよ。転換がないから、ライヴの最初から最後まで、ステージに釣りモノがひとつあるだけなんだけど、照明だけで世界を変えていく手法がものすごく芸術的で感動したんだ。あとは衣装だよね。熱帯魚をイメージしたっていうシャツがすごく印象に残ってて、俺はロングのガウンを作ってもらって、マカオハットをかぶって、マカオのポン引きばっちりだから（笑）。

――確かに（笑）。そういった部分も映像を観ると明らかになるわけですが、ポンタさんが何を叩いてどの音を出しているかも、僕も映像を観て初めてわかりました。まず驚きは、「ミス コンテスト」でポンタさんがカシシを振っていたことです。

そうなんだよ。俺がちゃんとパーカッションをやってるのはこのときしかないと思う。このときも、モツ（浜口茂外也）とのコンビネーションはバッチリだったよね。俺がドラムだろうがパーカッションだろうが、ふたりのパターンはちゃんと作り込んでるからね。

――セッティングを見ても、２タム＋２フロアの生ドラムの右前方に、なんとティンバレス＋ボンゴ＋スネアというパーカッション・セット、さらにその背後、後ろを向いて叩ける位置にパールのエレクトロニック・ドラム〝Ｄｒｕｍ Ｘ〟がセットされています。

生ドラムは、このときはいつもの白のセットで、タムが10＋12＋14＋16（インチ）のオーソドックスなセッティングだよね。で、Ｄｒｕｍ Ｘはたぶん試作品だったと思う。俺がステージに入って最初の「ミス コンテスト」で使うんだけど、立奏でキックは使ってないんだ。

で、シンバルも、このツアーのときに唯一、スウィッシュを裏返して使ってるんだよね。もちろんジョワァンっていうサウンドのスウィッシュね。いわゆるのガンガンガン！っていううるさいチャイナ・シンバルの音は大嫌いで絶対に使わないから。

——映像には今とまったく同じ〝ティッシュ&ガムテープ〟のミュートがはっきり映っています。

もう70年代にスティーヴ（ガッド）と一緒に、ああでもないこうでもないってミュートを研究し尽くしてからはずっとコレ。スティーヴだって今でもこれだし、このミュートの方法は永遠だよ。

でも、今回あらためて聴いて思ったけど、このとき、タムのチューニングとか、シンバルのチョイスにはむちゃくちゃこだわってて、そのチューニングとか楽器のチョイスに対するショットを無意識のうちに変えてるのがすごくわかった。ただ、そうやって出てる（「チューニングや楽器チョイス」と「無意識のタッチ・コントロール」の組み合わせで表現している）サウンドは〝オーソドックス〟で通してるんだ。奇抜なチューニングの音はまったくしてない。やっぱり〝詩に、いかに溶け込めるか〟っていう世界だよね。際立った音がしたら歌詞の世界を邪魔するってことを、無意識のうちにこのツアーから教わったんだと思う。

——さて、井上陽水さんの作品としては、84年末にセルフカバー・アルバム『9.5カラット』を発表して以降リリースがなく、この86年5月に新曲「新しいラプソディー」が発売され、そのタイミングで行なわれた〝DISPLAYツアー〟のNHKホール公演を収録したのが『クラムチャウダー』ということになりますが、ポンタさんのドラム・セッティングは、この日のセットリストにもなっている陽水さんの既曲を再現するためのものではないですよね。

そうそう、憲司がまったく違うアレンジに変えてるからね。しかもみんなで煮詰めていったんじゃなくて、ほぼすべて憲司のアレンジ。今回このライヴ盤を聴いて、また今、憲司がいないってことをあらためて痛感してしまったよ……。

――6章の最後で、ポンタさんが『クラムチャウダー』での俺が本当の俺」だとおっしゃっていたのが強く印象に残っています。

このツアー自体、ものすごく音楽的だなぁと思ってやってたのをすごく覚えてるんだ。ある種〝別モノ〟だよね……全員がね。だって、高水なんて本当に素っ晴らしいもん。最近思うけど、高水って裏で相当勉強してるっていうか、本当にいろんなニュアンスがアイツから聴こえるんだよ。このライヴでも「ワインレッドの心」のイントロなんて、毎回感動しまくってたもんね。

――演奏中はそういう気持ちだったんですね。

このメンバーで出す世界観にはすぐ入り込んでいけたよね。小林武史だって、俺にとっては無名の新人だったけど、うまかったもん。龍一に憧れてたから、シンセ聴いてるとイエロー（ＹＭＯ）のニュアンスがけっこう聴こえたけど、このときは音色の選び方からして当時の陽水さんに合ってたし、憲司のアレンジにも合ってて、中西（康晴）が堅実なピアノを弾いてるから、余計に武史のうまさが見えてくるっていうか、「コイツ、若いくせにわかってんなぁ」と思ってた。ツアー自体はけっこうな本数だったけど、ずっとそう思いながら叩いてたよ。

――〝本当の俺〟とは、そういう意味で、ポンタさん自身もピークの瞬間だったということですか？

井上陽水というアーティストの音楽の〝解釈〟っていう意味で、ひとつのピークだろうなぁ。

――陽水さんの魅力を、ポンタさんはどういうふうに分析していますか？

もちろん〝声〟はヒキョーなくらい素晴らしいし、本人のキャラクター自体も飛び抜けてるけど、俺の中では圧倒的に〝詩〟だよ。赤い鳥の頃は、陽水さんと安田（裕美）君とふたりのユニットと対バンがものすごく多かったし、俺は『氷の世界』[註2]でもレコーディングしてるわけだから、ある意味ずっと見てきたアーティストだよね。で、この86年頃にもなれば、憲司も高水もモツも、みんな同時進行で、自分の中に溜まったものを、時代時代でどんどんうまい形で表現してきててさ、もう〝ミュージシャン〞なんて通り越して、みんな〝アーティスト〞なんだよ、全員。ホントにそう思う。陽水さんなんて特に、一緒に演るより〝聴いていたい〞っていう感じだったから、一緒に演るなら余計にその中にどっぷり浸かりたいと思ったもん。で、陽水さんにも「ポンタ君、うまくなったね」って言われたからね。そう言ってくれたのは、陽水さんと細野（晴臣）さんと（小坂）忠さんだけ（笑）。「うまくなったっていうのは失礼だけど、音楽家になったたね」って。

——前著[註3]でも「陽水さんに『空を飛行機で揺れてるって曲のニュアンスを、ドラムで表現できるようになった』と言われた」と言っていましたが、これは具体的な曲のことを指しているんですよね。

そう、確か「TRANSIT」（『クラムチャウダー』には未収録）だったかな？

——ポンタさん自身も「我ながら、自分に翼が生えたみたいだった」と。それは、ポンタさん自身が、詩の内容、アレンジなどなど、すべての解釈がうまくいって、かつそれを表現もできたということ？

あらためて聴いて思ったけど、何がすごいかって、全員〝わかってる〞んだよね。無駄がないっていうのはそういうことだし、このツアーは俺、毎回ほぼ同じこと演ってるんだけど、演っててまったく飽きないんだよ。セットも変えなかったし、チューニングも変えなかったしね。もちろん、全体で出してる音が俺に余計なことをさせてくれなかったとも言える。

音楽的な要素はここでものすごくたくさん培った

――それはやはり憲司さんのアレンジの成せるワザなんでしょうか。

まずはそれだよね。憲司自体がものすごく繊細な人だから。このアレンジの素晴らしさは、ダチだからとか信頼してる間柄だからとか関係なく、大村憲司っていうアレンジャー個人として、本当に、すごく認めるよね。もちろんいろんなタイプの音楽をアレンジャーとして手がけてるけど、『クラムチャウダー』のアレンジは、ある意味、最高傑作なんじゃないかな。

で、その憲司のアレンジを全員が「なるほど、こういう意図なんだな」ってわかってるってことだよね。もちろん陽水さんと憲司のやりとりはものすごかったと思うけど、リハの時点で、俺たちを含めたミーティングはほとんどなかったんじゃないかな。高水とも「その部分はこうしよう」とかいっさいなかったからね。だから、別の言い方したら、みんな好きなことをやってるのよ。それがピタ～ッっと合ったんだな。俺だって普段は「そこはこういうふうに変えて」とか絶対言うタイプなのに1回も言わなかったもん。言わないまでも自分ではトライしてみても、やっぱり「必要ねぇや」ってなっちゃうんだよ。それくらい完璧だったんだ。

――8ビートで邁進する「ジャスト フィット」でもフィルがほとんどなく、フィルに意味を感じていないような印象さえあります。

詩がこれだけ聴こえてるライヴって、本当に珍しいんじゃないかな。ドラマーに限らず、絶対にどこかで邪魔するから。

――やはり憲司さんをはじめ、全員の理解は、陽水さんの〝詩〟を聴かせようと。

当然、それが一番なんじゃない？　俺がドラムセットで出てくるのは「ミスキャスト」からだけど、その前の「カナリア」（『クラムチャウダー』には未収録）とか、本当は演りたかったんだけどなぁ。陽水さん、俺が好きな曲わかってて「ドラムは要らないかな」とか言うんだよ（笑）。

――ちなみに、ドラムを叩くときに歌詞の内容を意識するようになったのは、いつ頃からですか？

それはもう赤い鳥の頃からだよ。別に意識してたわけでもなく、まったく無意識で「へぇ、こういう内容なんだ」って感心してたもんな。

――そもそも人に届く歌詞ですもんね。

それが絶対に大きいよ。阿久悠さんにしても、松本（隆）さんにしても、阿木燿子さんにしても三浦徳子さんにしても岩谷時子さんにしても、素晴らしいよね。俺一度、阿久悠さんに「お前をイメージして詩を書いた」って言われたことあるんだよ。普通、ドラマーがそんなこと言われないよ！ これはむちゃくちゃ光栄な言葉だと思ってる。

——そして、こういう音楽を聴くにつけ、やっぱりドラムって大事なんだなと思い知らされます。

特に陽水さんの音楽はね。「ミスキャスト」なんて、こういうビートってなかったんだよ。普通（6／8拍子で）〝ドンッドパンッ！〟ならあるけど〝ドチチタチチドチチタチチ……〟って。しかもテンポも絶妙だしね。この曲のビートは、最初「あれ？」と思って、けっこうチューニングを含めてジェフを研究したんだよ。（ミックスでは）もっとジェフ・ポーカロみたいな音にしてほしかったなぁ。

——他の時代の「ミスキャスト」を聴いても、その絶妙なテンポの中、8分を刻むより4分進行が強調されているからか、大きく浮遊して乗れるのが最高に気持ちいいです。

そうだね。そういう4分の〝ベタ感〟があるよね。

——「ジャスト フィット」もそうですが、「ミスキャスト」も、9章で後述する沢田研二さん[註4]への提供曲だったんですね。

そうそう。沢田さんへの提供曲は多いからね。で、この曲も当然、歌詞をちゃんと聴いてるわけじゃない？　コレ、ホントは俺のことを歌ってるんじゃないかって、のちのち沢田さんに言ったら大笑いしてたなぁ。陽水さんの詩は、いろんな裏の含みが見え隠れするからね。ずっと糸井重里さんとつるんでるのも、〝言葉遊び〟の共鳴感がすごくあるんだと思うな。清志郎もそうだと思うのよ。俺、「帰れない二人」を共作してるって、このツアーのときに初めて知ったんだけど、「帰れない〜」の詩もすごく情景が浮かぶ、いい詩だよな。裏にある人間模様まで勝手にいろいろ想像しちゃうけどさ。

――「ミスキャスト」の次は、アルバム未収録の「ダンスはうまく踊れない」を挟んで、新曲「新しいラプソディー」ですが。

この曲は、ツアーの直前にレコーディングしたんだけど、それまでの陽水さんのイメージと全然違って「へぇ〜、こんな曲もやるんだ、珍しい」って思った。それでステージでは圧倒的に世界を変えたかったから、〝♪夢を〜〟のAメロの４拍目のスネアで〝ダァ〜ン！〟って伸びる音が欲しくて、クリア（透明）のヘッドを張ったスネアに交換してるんだよ。で、わざとスネアを手前に傾けてリムに当たらないようにして、スティックを逆に持ってど真ん中を叩いてる。

――この曲の１Aで、ポンタさんがハイハットを刻みつつも、４拍目のバックビートを同じ右手で叩いているのが映像でわかりました。明らかにBメロの8刻みとは質の違うビートになっていますが、これも世界観を変えるための工夫ですか？

ここは、あまり細かい音をコチョコチョ聴こえさせたくなかったから、俺のハイハットはゴースト的で、細かいハイハット的な刻みはモッに任せて、むしろ俺は〝ドォーーンドォーンパァン！〟っていうもっと大きなビートを出してるはず。

――そして「傘がない」の弾き語りの後、「灰色の指先」で驚異的なピアニッシモの演奏に息を飲みます。まずどアタマのロールの美しさといったらありませんね。

これはちょっとうまいね（笑）。いや、こういうプレイは、やっぱりちょっとクラシックを触ってて良かったなと思うよ（笑）。やっぱりスティーヴもハーヴィー・メイソンもこういうプレイは完璧だからね。映像を観ると、この曲ではブラシを使ってるから、スネアはコーティング・ヘッドを張ったメイプルの6インチ半に戻してるね。

――続くファストな8ビートの「ジャスト フィット」では、ハイハットをきっちり刻んだドライヴ感がいいですね。

この曲は（のちに）沢田さんでも演ってて、そっちでは（ポリスの）スチュワート・コープランドばりにレゲエの要素もちょっと含めたビートで演ってたんだ。

――ギター・ソロの間、映像を観ると、右手でライドを刻みながら、左足はハイハットを閉じたままずっと8分でカカトを動かしているのがわかるんですが、ポンタさんが左足を8分で感じているのは珍しいなと思いました。

へぇ〜それは珍しいね。俺はほとんど8分では踏まないから。それこそ、できるだけタイトなビートにしたかったたっていう表われだよね。

――続く「ワインレッドの心」はボサノヴァ・アレンジですが、前述のとおり高水さんのベースのイントロからもう引き込まれます。

それは本当に毎回見事だったよ。そのベースに続いてこの曲はもう〝色っぽさ〟の追求だよね。

――ここまでうかがってきて、やはりこのツアー、このアルバムは、ポンタさんの中で突出して思い入れのある1枚だということを再確認しました。

俺のキャリアの中でホントに大きいし、もう〝別モノ〟だよね。この陽水さんのツアーがあったからこそ今の俺があるんだろうなっていうくらい、音楽的な要素はここでものすごくたくさん培ったよね。言葉にするとオーバーだけど、実際そうだと思うな。だから、陽水さんは当然だけど、メンバーに感謝してるよ。あとは、キティのスタッフから、舞台のスタッフ、みんなに感謝してる。このチームだからこそできた音っていう意味でも、『クラムチャウダー』は俺の中では別に置いておきたいっていうアルバム。本当にいいツアーだったから。

註1／『クラムチャウダー』の映像
アルバム発売当時はLPの他、VHSやレーザーディスクでも発売され、レーザーディスクでは、本稿でも触れている「TRANSIT」や「ミスキャスト」、「カナリア」、「ダンスはうまく踊れない」、「とまどうペリカン」、「傘がない」なども収録していた。

註2／『氷の世界』でレコーディング
「はじまり」、「桜三月散歩道」の2曲を深町純(p)＋山村隆男(b)＋高中正義(g)＋ポンタ(d)のメンバーで73年にレコーディングしている。

註3／村上“ポンタ”秀一著『自暴自伝』
(2003年 ／文藝春秋刊)P180

註4／「沢田さんへの提供曲」
「ジャストフィット」「MIS CAST」共に、井上陽水が全曲提供した、沢田研二ポリドール在籍時の1982年のアルバム『MIS CAST』に収録。演奏はエキゾチックスがメイン。他にも「背中まで45分」や「Darling」なども収録。

Column the 80's Ponta ②

Scene-5

矢沢永吉ツアー
(85〜87年)

『ゴールドラッシュ』(78年)のときは、次利から「龍一とふたりで来てほしい」って言われて、永ちゃんのレコーディングだって知らずに行ったんだ。あの永ちゃん独特の言い回しで、ここのフィルは、くじらが腹を見せながら腹を飛んでるところに鳥が来て、風船みたいに突っつくとビヤァ〜って空気が抜けて落っこちていく、そういうフィルを頼む、みたいなことを言われたのはよく覚えてる(笑)。で、ツアーにつながるのは、MOBOバンドのツアー中の名古屋。朝7時半にホテルの部屋に電話がかかってきて「来年からツアーをやるんだけどバンマスをやってくれないか」って。もちろんこれは絶対やらなきゃいけない案件だって悟って腹決めてんのに「いや、マネージャーに訊いてみてから」って……マネージャーもいないのにね(笑)。

ステージでは、ヘンに音を凝ったりしても永ちゃんの歌を壊すだけだから、あの様式美をしっかり再現して永ちゃんの歌を光らせるってことしかないわけ。それ以上にバンマスとして、楽屋とかスタッフのことに気を配ることが多かった。例えば〝トランポ〟の運チャンとか舞台監督とか、俺はスタッフをすごく大事にしてたから。そこを永ちゃんはすごく信頼してくれてたし、実際「信用できるのはお前だけだ」って言ってくれたんだよね。光栄な言葉だよ。で、お互い50代になったらバラードばっかりのコンサートをライヴハウスでやろうって約束もしたんだ。まだ実現してないけど(笑)。

Column the 80's Ponta ②

Scene-6

氷室京介

『フラワーズ・フォー・アルジャーノン』(88年)

BOØWYが終わって初めてのソロだけど、このアルバムは、建がよく俺を選んでくれたなと思ってる。で、やっぱり大きいのはチャーリー・セクストン（g）だよね。建は生のベース2〜3曲しか弾いてないから、ほとんどシンセベースと俺とチャーリーなんだけど、聴き直したら、俺とセクストンふたりで演ってるアルバムかと思った。

もうギターの音色が本物なんだよなぁ。で、俺も厳選したフレーズを叩いてる。建は「ポンタ、そこのフィル、2発多くない？　タッタッダダって、最後のダダ要らないんじゃない？」とか、すごく的確だし、〝そぎ落とす〟っていう意味でも、このアルバムはかなり印象に残ってるよね。ハイハット、スネア、ベードラ命！　シンバルはクラッシュ1枚！　みたいな美学。

俺は建が作ったデモを日本で聴いてからロスに行ったんだ。で、俺らだけでベーシックだけ録って、あとシモ（下山淳）なんかは日本でダビングだよ。ロスでのレコーディングのときは、チャーリーって大アイドル・ギタリストだから、外がファンでものすごいことになってたのと、チャーリーの若いお母さんがお人形さんみたいに可愛かったのをよく覚えてる。

このアルバムは、泉谷の詞があったり、シモが入ってたり、いい感じで〝LOSER〟の成分が入ってるよね。もちろん俺の中では、気持ちはLOSERとは全然違ったけど。

第9章

泉谷しげる

◉

吠えるバラッド

沢田研二

◉

彼は眠れない

泉谷しげる

吠えるバラッド

◉

1988年1月21日 発表

［Song List］

1. 長い友との始まりに
2. のけものじみて
3. TATOO
4. あいまいな夜
5. 果てしなき欲望
6. 美人は頭脳から生まれる
7. 野性のバラッド
8. LOSER
9. 終点
10. あらゆる場面で

All songs：words, music, arranged
by 泉谷しげる

［Musicians］

村上“ポンタ”秀一 (drums)
吉田建 (bass)
仲井戸麗市 (electric & acoustic guitar／RC SUCCESSION)
下山淳 (electric guitar／THE ROOSTERS)
藤沼伸一 (electric guitar／THE ROCK BAND)
大谷幸 (piano & keyboard／DANG GANG BROS. BAND)
矢口博康 (sax)
忌野清志郎 (piano & chorus／RC SUCCESSION)
John Paul MacLENNON (slide guitar)
SION (chorus)
仲野茂 (chorus／THE ROCK BAND)
他

・Produced by 泉谷しげる
・Recorded and Mixed by 山口州治、他
・Recorded at VICTOR AOYAMA STUDIO, SOUND VALLEY, MUSIC INN TOKYO
・Mixed at VICTOR AOYAMA STUDIO
・Art Direction：泉谷しげる

[Ponta's Drum Kit]

◎ **Drums**：PEARL Steel Shell (customizaiton)
◎ **Snare Drums**：Free-Floationg Copper 14"×5", etc.

沢田研二

彼は眠れない

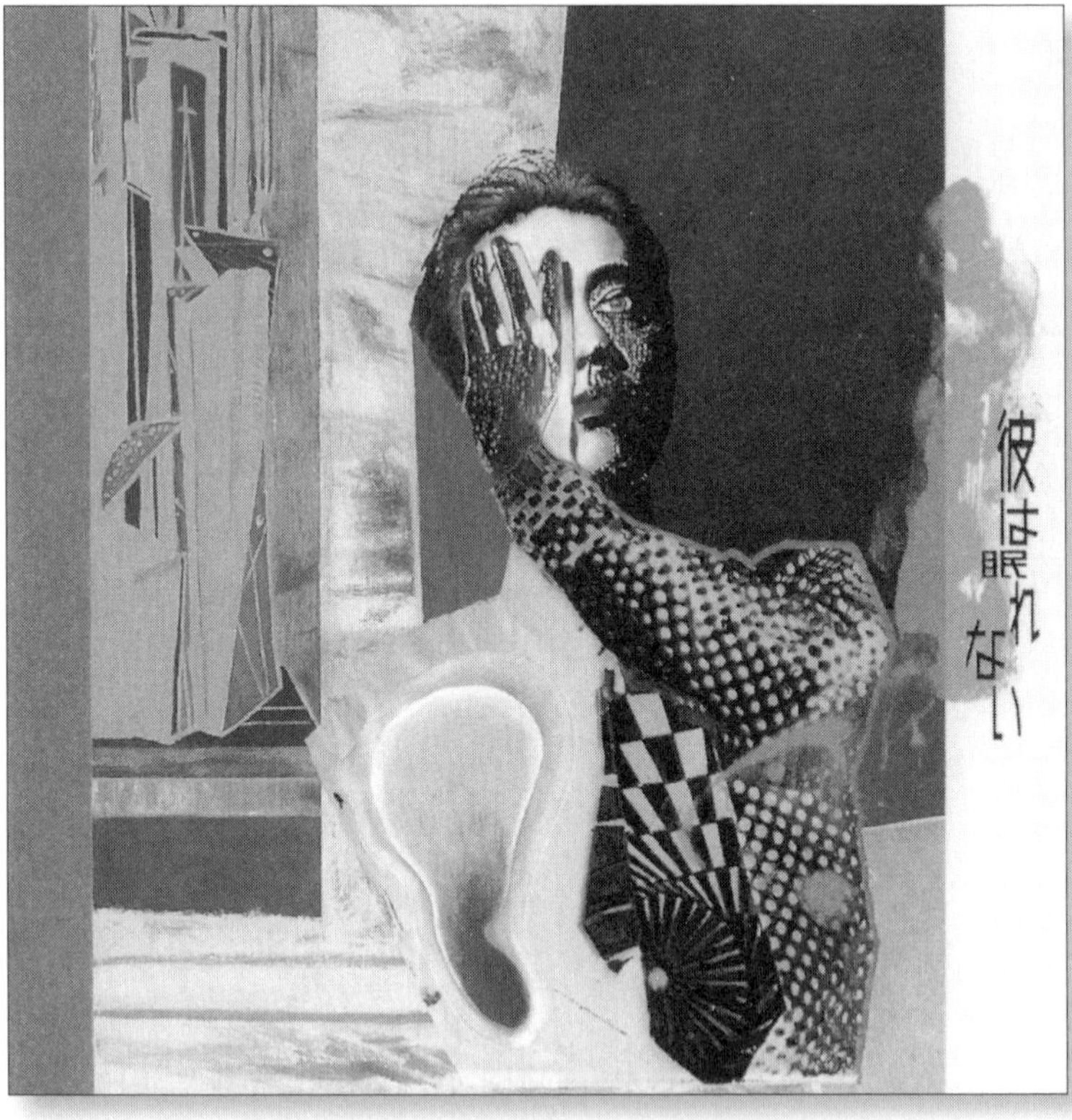

◉

89年6月19日〜7月31日 録音◎89年10月11日 発表

［Song List］

1. ポラロイドGIRL
［作詞：サエキけんぞう／作曲：奥居香／編曲：吉田建］
2. 彼は眠れない
［作詞：松井五郎／作曲：NOBODY／編曲：吉田建］
3. 噂のモニター
［作詞：サエキけんぞう／作曲・編曲：吉田建］
4. KI・MA・GU・RE
［作詞・作曲：忌野清志郎、小原礼／編曲：吉田建］
5. 僕は泣く
［作詞：尾上文／作曲：鶴久政治／編曲：西平彰］
6. 堕天使の羽音
［作詞：西尾佐栄子／作曲・編曲：吉田建］
7. 静かなまぼろし
［作詞・作曲：松任谷由実／編曲：国吉良一］
8. むくわれない水曜日
［作詞：尾上文／作曲：大羽義光／編曲：吉田建］
9. 君がいる窓
［作詞：尾上文／作曲：大沢誉志幸／編曲：吉田建］
10. Tell Me... blue
［作詞：井ノ上和宏／作曲：大沢誉志幸／編曲：西平彰］
11. DOWN
［作詞：尾上文／作曲：NOBODY／編曲：吉田建］
12. DAYS
［作詞：松井五郎／作曲：徳永英明／編曲：吉田建］
13. ルナ
［作詞：尾上文／作曲：徳永英明／編曲：吉田建］

［Musicians］

村上“ポンタ”秀一 (drums)
吉田建 (bass)
佐橋佳幸、下山淳、斉藤英夫 (guitar)
国吉良一、ホッピー神山、西平彰 (keyboards)
包国充 (as & ts)、兼崎順一 (tp)、
渕野繁雄 (ts)、池谷明宏 (tb & horn arrange)
カンガルー美里 (渡辺美里)、坪倉唯子、
桑名晴子、告井延隆、中野督夫 (chorus)
他

guest vocals
忌野清志郎

・Produced by 吉田建
・All tracks recorded and Mixed at Terra and Sedic Studio
・Mixed by 坂元達也
・Original track recording：入枝要平
・Additional engineering：柳沢和彦
・Recording date：19 June-31 July, 1989

再結成のリクエストが一番多いLOSER

——ポンタさんと泉谷しげるさんの接点は、そもそもは矢沢永吉さんと泉谷さん共通のイベンターを介して、泉谷さんのライヴを観に行ったのが始まりだそうですね。

キョードー東京のヤツなんだけど、俺が永ちゃんのツアーをやり始めて2年目くらいのとき「泉谷さんのライヴを一度、観てもらって意見を聞きたい」って言われて日本青年館に観に行ったんだよ。そのときに大将（泉谷）と「ちょっと一回ぶっ壊して、新たに作り直した方がいいんじゃないか」なんて話をしたんだ。そこから少し時間が経って、バンドを新しくするってことになったときに、俺が「〝おっさんロック〟をやりたい」って言ったのが大将は気に入ったみたい。バラードでも〝俺なりのロック〟でやりたい、しかもそれを吉田建とやってみたいって言ったことで、大将も絵ヅラが見えたんじゃないかな？　でも最初は、建の確約が取れてないまま、とりあえずスタートしたんだよ。俺が得意のクリックだけで録って、大将が仮で歌ってみて、それで1曲くらいなら時間がとれるだろうから建を呼ぼうって、弾いてもらったら、もうバッコリハマってさ。そこから始まったんだよね。

――吉田建さんのことは昔から意識していたんですか？

建はエキゾチックスっていう沢田（研二）さんのバックバンドをやってて、ロンドン系の新しいサウンドで、メイクばりばりでさ、業界ではバンドとして注目されてたんだよ。でも俺らは、りりィのバイバイ・セッション・バンドの頃から対バンになってて、当時は挨拶すらしたことなかったんだけど、ベース・ラインをちゃんと弾く堅実なベースで、気にはなってたよね。

その見方が間違えてなかったのは、のちの話だけど、うちの奥さんってものすごく本質を見抜く人で、めったなことでは、俺の周りのミュージシャンでさえ褒めたりしないのに、あるプライベートのライヴで急遽、（近藤）房之助と憲司と建と俺でブルース・バンドを組んで演奏したとき、珍しく「あの人はちゃんとしてるのね」って言ったんだよ。そもそもアイツは早稲田大学のハイソ（ハイソサイエティオーケストラ）の出身だし、ブルースをやったときも、３コードのルーツ・ブルースのラインをホントにしっかりと弾くし、音楽も幅広く本当によく知ってるんだよね。もちろんブルースだったから目立つのはギターのふたりなんだけど、その日のバンマスは建だったと言っても過言ではないくらい。そのときの映像を持ってる関係者も多くて、今でも語りぐさになってるよ。

――アレンジャーとしての建さんについてはどういう印象ですか？

ＬＯＳＥＲと同時にちょうど沢田さんからオファーがあって、同時進行になるんだけど、沢田さんの1枚目『彼は眠れない』ってアルバムを作り終えて、生涯初めて「こんなにいいアルバムに呼んでくれてありがとう」って電話してしまったくらい素晴らしいアレンジだった。他にもいいアルバムがたくさんあるよ。自分がプロデュースするときは本当に細かいんだけど、それが的を射てるし、全体的によぉく見てるし、俺もいろんな音楽を聴いてる方だけど、建は俺の比じゃないからね。そもそもベーシックのことをよくわかってるんだ。そこはいくら嫌いでも認めちゃうわけよ（笑）。

——他のメンバーはどうやって決まっていったのですか？

『吠えるバラッド』のレコーディングのときは、さっき言ったみたいに、最初は大将の歌と俺のドラムだけで録って、途中から建が入って、で、ギターなんかは全部あとでダビングしたんだよ。ただ、大将と建と俺3人で録ってる時点で、もうギターの音は聴こえてるわけ。で、レコーディングの最初の頃から清ちゃん（忌野清志郎）がよく遊びに来てて、ほぼ毎日来てソファに座ってたんだけど、清ちゃんがRC（サクセション）つながりでCHABO（仲井戸麗市）を呼んだんじゃないかな？大将を含めて、アイツらそれこそ〝付き合いが古いど〟[註1]だからね（笑）。で、シモ（下山淳）は、俺たちが一緒にやりたかったの。例えば「春夏秋冬」の最初の分厚い壁みたいなサウンドで、もうアレンジが見えてたから、建とふたりで「下山しかない」って話してたんだ。

――なるほど、まずはふたりで録っていたとは意外でした。

そうそう。で、いきなり市ヶ谷の（スタジオ）SOUND VALLEYで、エンジニアは州ちゃん（山口州治）で録ったのを覚えてるよ。州ちゃんって、すごく研究熱心なエンジニアでさ、俺らとすごくハマったんだよね。SOUND VALLEYって地下の1スタがけっこうデカくて、そこにアンビエンス・マイクを置いて録ったのがこの音だよ。州ちゃんはリヴァーブが好きだったから。このアルバムは〝アンビ研究会〟って言ってもいいくらいだよね（笑）。本当はガレージで録りたかったんだけど、当時、コンソールを持ち込む予算もなかったし。でも曲によってアンビエンスをどれくらい足すとか、そういう細かい作業は州ちゃんと凝ったんだよ。俺、アンビエンスのイコライジング係だったんだけど、あまりにやりすぎるから「ポンタさん、ちょっと卓から離れてください。やりすぎると全体が濁りますから」ってよく怒られてた（笑）。やっぱり餅は餅屋だよな。

――アルバムを聴くと、そのアンビエンスによる空気感がさらに〝バンド・サウンド〟という印象を強めていて、その録音がまさか別録りとは思いませんでした。

俺は『吠えるバラッド』に関してはバラ録りっていうイメージだよ。だから面白かったんじゃないかな？　やっぱりみんな、ライヴのイメージの方が強いんだよな。実際、ライヴは俺もホントに面白かったし、今、全国回ってても「ＬＯＳＥＲ、もう一回やってください！」って一番リクエストが多いよ。当時は、学園祭とかけっこうやったんだよなぁ。

——早稲田とか横浜国立大とか。

そうそう。学園祭は最高だったよね。2期やって1年目は25本はやった。早稲田は面白かったな～。教室でやったんだよ。机が据え付けだから、大将にとっては当然、机もステージなわけ。でも途中で落っこちてさ（笑）。で、忘れもしない横浜国立大学。清志郎の〝タイマーズ〟のデビューだったんだけど、LOSERとどっちをトリにするかって話になって、あえてLOSERはトリの前にしたわけ。で、野外ステージで俺らが終わって、汗も拭かずに外の小山に座ってタイマーズが出てくるの待ってたら、ヘルメットにサングラスで出てきて、もう歌い始めた内容を聴いてすぐ楽屋に戻ったからね。暴動に巻き込まれると思ったから（笑）。清志郎って、普段はあんなに優しくてよ、陽水さんとふたりで「帰れない二人」なんてあんなセンチメンタルな曲を作る人の、どこにそんなエナジーが潜んでいるんだろうって思うよ。

——ポンタさんが学園祭に出るのは珍しいですよね。

赤い鳥とか五輪真弓のときにはよく出てたけど、それ以来って言ってもいいくらいだよね。でも赤い鳥でも五輪でも品行方正な客ばっかりだけど、LOSERの客は、こんなに人種が違うか？って思うくらい。だって「ハゲ！」「ジジィ！」「帰れ！」「歌うな！」だよ（笑）。ＬＯＳＥＲで最初のライヴをインクスティック芝浦でやったとき、差別用語を言ったヤツがいて、俺、頭キて、客席に殴り込んだことあるんだけど、終わってからＣＨＡＢＯに「お前、バカなんじゃないの？　わかってんだろ。なにいちいち怒ってんだよ、青いな」って説教されてさ。そうか、これが普通なんだってこのとき初めて勉強したもんな（笑）。まぁこんな想い出を含めてＬＯＳＥＲは5本指に入るバンドだよね。

――当時のドラムセットですが、ＬＯＳＥＲでのライヴ映像を確認すると、白のカバリングだったり黒のカバリングだったり、スチールのセットだったり、いろいろ使っていたんですね。（と言って、ここでライヴ映像を観てもらうと……）

白のセットは、メイプルの6プライの試作だと思うんだよな。シェルの中も白くなってるけど、これは、パールにシェルの中も白く塗ってくれって言ったのを覚えてる。……あ、8インチのタムも使ってるし、右手側にシンカッションのパッドも使ってるし、リモート[註2]の13インチ・ハイハットもあるね。ＬＯＳＥＲって強いビートが多いから、（通常ハイハットは左側にあるが）右側にハイハットがあると右手が解放されてものすごくやりやすいんだ。あと、右をクローズで固定しておけば、右手でハイハットを刻みながら、左手で〝ウチウチ〟をやったり、バリエーションが広がるしね。

それにシンバルが高い！　当時はシンバル用の専用ラックをパールに作ってもらって、上の方にバーを組んでシンバルをセットしてたんだ。その後、そのバーからシンバルをぶら提げてた時期もあるよ。とにかくこの時期の俺のセッティングって、ホントに毎回違うんだな〜。レコーディングは、全部スチールのセットとコパーの5インチだったけど、ライヴでも使ってたんだな。あと、シモがペンキを垂らして描いたセットは、CHABOのお気に入りで、もちろんCHABOのレコーディングでも使ったし、後期のLOSERでも使ったんじゃないかな。もうひとつ、大将がペイントしてくれたセットもあるんだよ（どちらも174ページ写真参照）。

日本の音楽界にひとつの大きな爪痕を残したよね

——個人的にLOSERというと、どれだけ8ビートの推進力を出せるかというイメージだったんですが、全面にズドンと出ている8ビートの中身を細かく見るとすごく工夫されていますよね。「あいまいな夜」では、1Aではずっと4分でキックを踏んでいますが、2Aになるとまったくスカスカになったり、場面とか景色の変え方が見事ですね。

聴き直してみて面白かったなぁ。アルバム全体に言えるけど、あまり計算してないわりには、けっこうよく出来てるんだよね。もちろん多少計算もあるんだけど、このバンドはこういうアプローチが自然だったんだよ。トータルで考えたらこの曲が一番LOSERっぽいかな。そこまで派手でもなくて、ザ・バンドとか知らないとできないよ、みたいな……やっぱり〝おっさんロック〟なんだよ。ひとつLOSERが面白いのは、クリックを使ってないんだよね。あと、これはLOSERの魅力のひとつだけど、大将の歌のリズムの悪さね。もちろん良い意味で。だって、この歌をリズム良く歌ったら安い音になっちゃうから。ただ、一番苦労したのは「あいまいな夜」の最初のフィルね。どれを試しても（歌い始めが）半拍ズレるんだ。まぁ、わざと難しい入り方にして〝大将イジり〟だよね。ちょっと弱気になってブースから出てくる大将もオモロかったから（笑）。

――実際に細かく分析してみると、ここでポンタさんがこう変化しているから気持ち良いんだなっていう場面がいくつもありました。「あいまいな夜」でもスネアをハイ／ロー2台で使い分けていたり。

この当時、こういうおっさんロックでドラムがスネアを使い分けてるバンドなんてなかったんじゃない？　俺は自然にアプローチしてるんだけど、やってることはけっこう細かいよね。

――「TATOO」でも、ウラ拍で打ち込みっぽいハイハットが鳴っていますよね？

いや、ドラムは全部生だよ。だってダビングもほとんどしてないから。シンカッション（エレドラ）も使ったのはライヴだけだし。

――「のけものじみて」は、ウラ拍でずっとカウベルが鳴っているのかと思っていたんですが、アコギだったということに最近気がつきました。

それはアンビの魔法かもしれないな。最初は大将とふたりで「長い友との始まりに」を録ったんだけど、「のけもの～」もすぐあとに録ったと思う。この曲もふたりだったような気がしてたんだけど、ベースの〝ドンス ドンスドーンドドンドン～〟っていうパターンを建と一緒に演ったな。

――この曲も、どこから見てもロックなんですが、ロックだけに聴こえないという印象があります。イントロのドラムなんて、往年のビッグバンド・ジャズのドラム・ソロみたいですよね。

そこは本当にジーン・クルーパとかジョージ川口さんみたいなイメージで演ってるからね。だから当時の対バンの連中なんて新鮮だったと思うよ。で、建のベース・パターンが、その（ロックとジャズの）中間っていう感じ。この曲、俺はずっと（曲後半の盛り上がりの）〝ドンパンドコパン！〟っていくのを我慢してるんだけどね（笑）。

――「果てしなき欲望」の1拍3連と6／8を掛け合わせたようなポンタさんのビートも秀逸ですよね。そこにピアノが入っていたり弦が入っていたり、深みとか匂いがさすがです。

（「♪今の～ぉ～うちに」と歌い出して……）そうだよな、ヘンなアプローチしてるよな。やっぱりクリックを使ってないからこういうアプローチも自然なんだよ。で、ピアノとか弦とかは、建のビートルズっぽいアイディアだよね。ジョージ・マーティンが突然「なんで?」って場所に弦を使ったりするじゃん?　そういう味付けがLOSERもけっこう入ってるからね。建はイギリス系が強くて、ベースのパターンにしても、フェイセズなんかの影響が大きいと思うんだ。

——ドラムが入っていない曲がまた、アルバムの中ですごく良い味を出していますね。

そういえば、「美人は頭脳から生まれる」って好きだったんだよな。こんなの大将にしか歌えないから（笑）！　あと、ライヴでは定番の「野性のバラッド」は、このレコーディングのことは記憶がないけど、プロモーション・ビデオを撮ったのだけはよく覚えてて、ビルの屋上でクレーンに乗って1カメで撮ったんだよ。この曲、街の騒音が入ってるけど、プロモーション・ビデオのときに録った音だと思うんだ。

——「長い友との始まりに」は、オープニングにあることもあって、このアルバムでのミュージシャンとの新たな出逢いの歌なのかと想像してしまいます。

新しいメンツと出逢って、ここで新しい泉谷が誕生して、みたいないろんなテーマも踏まえつつではあるよね。これ〝髪〟の歌じゃないよ（笑）。いや、本当にこのアルバムは〝新しい始まり〟だと思うな。ましてやこういう形態でこういう音を作ってね。何度も言うけど、俺たちの合い言葉は「おっさんロックをやりたい」だったからね。70年代を知らないとこういう音にはならないよっていう。あとは、西海岸もありイギリスもあって、本当によく出来たアルバムだと思う。俺の周りで音楽関係じゃない連中、例えば物書きなんかには圧倒的に評判が良くて、けっこう嬉しかった。そもそも〝吠えるバラッド〟ってタイトルが気に入ってたから。日本の音楽界にひとつの大きな爪痕を残したよね。

——2012年に再結成ライヴがありましたよね。

野外フェスティヴァル（ARABAKI ROCK FEST.）でもやったよね。ステージは山崎まさよしとか斉藤和義とか、Ｃｈａｒまで乱入したし、まぁ楽屋がすごかったよ。みんなが俺らの小屋に入ってきて。で、そのときの客もすごかった。俺、何十回「うるせぇ！」って言ったか（笑）。だってカウントが聴こえないんだから。あと、Zepp Diver City[註3]でもやった。ただ25年ぶりだから、俺、大将に「前みたいにやったら絶対にもたないから、力抜いて楽に」って言ったんだけど、1曲目始まったら、もういつものテンションだもん（笑）。で、酸素吸入（笑）。でもやり通したから、そこはさすがだよな。ＭＡＸで行かないと気が済まないんだろうし、またそこが良いところなんだよね。

——ＬＯＳＥＲは90年代に入ってもしばらく続きますが、ポンタさんにとってどういう存在ですか？

もうライフワークだよね。俺の中で数少ない〝バンド意識〟を持ってたグループだったし。いやホントに、これだけ長いことやってきてもそういうグループって意外と少ないから。それこそセッション・バンドは腐るほどやってきたし、沢田さんのバンドだってあれだけ長いことやったけど〝沢田さんに寄与してる〟っていう意識の方が大きいしね。カミーノだってバンドだとは思ってないから。だからLOSERは、それほどバンド意識が強かったってことだよなぁ。吉田建さんがいたからかなぁ〜。僕のドラムには吉田建が欠かせません、って書いてといて（笑）。

「こんなにいいアルバムに呼んでくれてありがとう」

――（笑）。その吉田建さんがプロデュースを務めた沢田研二さんの『彼は眠れない』も、これまで15年ポンタさんの取材をさせていただいて、何度も話に上がる作品のひとつですね。

今回聴き直したけど、これ、本当に名盤だと思う。まずは曲が本当によく出来てるよね。作詞も作曲も、まぁ売れっ子ばっかりだけど、その世界観を沢田さんが本当に演じきってるよ。沢田さんがすごいのは、どの曲もほぼ1テイクだからね。2〜3テイク歌って、ちょっとイジッてなんてヤツも普通にいるけど、郷ひろみ君も、俺ニューヨークにドラムだけ録りに行ったことがあるけど、ほぼ1

テイクだった。「ポンタさん、2回歌っても結局同じなんですよ。僕は僕ですから」って、それ聞いてすごいなと思ったもん。ひと昔前までそれが当たり前だったんだし、〝時代〟もあるんだろうけど、やっぱり沢田さんも〝自分の歌に対する価値観〟を持ってるんだよ、最初の1発目で「これがもう自分なんだ」っていう。俺も1テイクしかやらないっていうポリシーでスタジオ・ミュージシャンをやってきたけど、それも同じ。2テイクめからは余計なことをし出すだけだから。

——作詞、作曲家は名だたる布陣ですね。その中心で世界観を作っていたのが吉田建さんだと。

そうだね。それにレコーディング・メンバーも全部、建が選んだと思うよ。あらためてクレジットを見ると、あえてスタジオでガンガンにやってる人たちを使ってないし、ホーンは〝セクション〟にいるチームじゃなくて、フリーのスタジオ・ミュージシャンを集めてるね。斉藤英夫ってギターは、レス・ポールがムチャクチャうまい隠れた名手で、ギターは、シモ（下山淳）はむしろ飛び道具的で、メインは斉藤君だったと思うな。で、西平（彰／ｋｅｙ）はエキゾチックスからのメンバーで、アレンジャーでもけっこう売れっ子だったから、このときも数曲アレンジしてるはずだよ。

ただ、建も西平もエキゾチックスが終わって沢田さんのところを離れてからはちょっと経ってて、その間は〝Co-CoLo〟っていう大先輩たちばっかりのバンドだったんだ。沢田さんって1回バンドを組むとすごく大事にするからね。元フラワー・トラベリン・バンドの石間（秀機）さんっていう仙人みたいなギターとか、ハプニングス・フォーの河内兄弟（クニ河内／チト河内）とか篠原（信彦／ｋｅｙ）さんとか、沢田さんとショーケン（萩原健一）さんのＰＹＧのドラムだったユージン（原田裕臣）とかね。昔はよくミッチ（林立夫）とユージンのドラム聴きに行って「やっぱりユージンのドラム、重いよなぁ〜！　日本人でこんなドラムいないよなぁ〜」なんて話してた。当時ジョン・ボーナムみたいな重みのあるドラムはユージンしかいなかったからね。ただ重いだけっていう話もあるけど（笑）。

――そんな大ベテランのバック・バンドになって、沢田さんのサウンドはどうなったんでしょうか？

建なんかのエキゾチックスは、イギリスのグラム・ロックっぽくまとめたバック・バンドで、メイクもガンガンにやり出して、衣装なんかジミヘンも真っ青っていうくらいのときもあったけど、Co-CoLoに変わって、やっぱりレイドバックしたんだよね。もちろんみんな演奏はうまいわけだし、楽だったんだと思うんだけど、沢田さんは、周りから「コレをやってくれ」って言われたものでも、自分が納得したらものすごいレベルでなりきれる人だから、たとえ事務所の意向だったとしても、俺らのバキーッ！としたバック・バンドに変えて正解だったと思う。

――バキバキの音楽性の中で、ポンタさんの音楽的役割ってどういうものだったんですか？

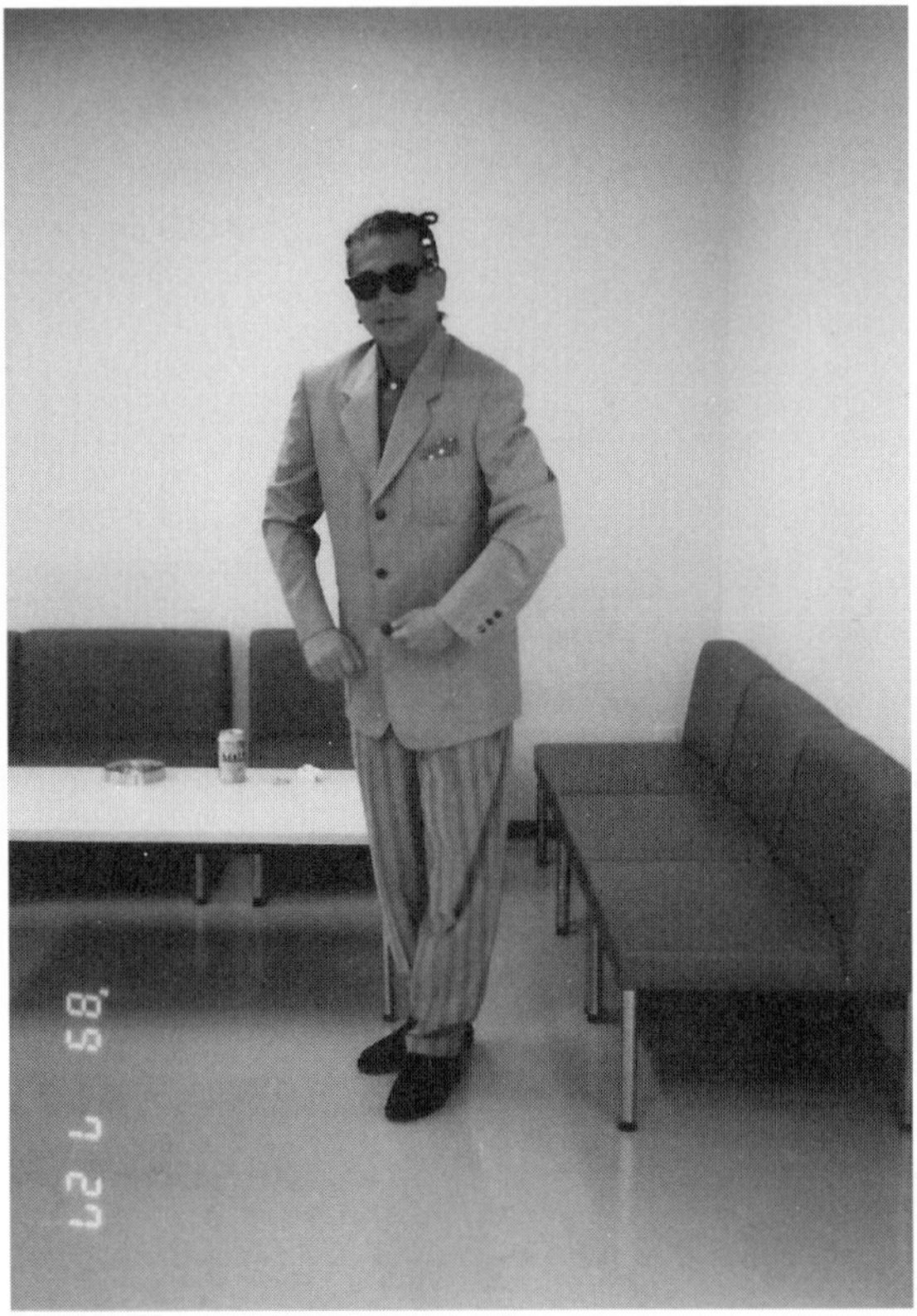

ラスタヘアに数珠をまとったポンタ。この日は沢田研二ではなく角松敏生のライヴだが、
偶然「ポラロイドGIRIL」のPVと同じ衣装だったという。

「沢田さんを変えたい」って思ってたよね。そのままでものすごい数のファンはついてくるけど、俺とか建が関わったことによって新しい客を増やしたいと思ったし、当時は『イカ天』[註4]の影響もあって少しは若いファンも増えたんだよ。実際、ここから曲もガラッと変わったしね。「ポラロイドGIRL」って奥居香ちゃんの曲は、プロモーション・ビデオを撮ったのをよく覚えてる。俺、その頃、ラスタヘアだったから（笑）。髪に数珠つけてね。

――作詞、作曲家がこれだけバラエティに富むのは、建さん以降なんですか？

そうだね。でもこのアルバムは新しいチームでやるっていうんで特別だったんじゃない？　最近も、八神純子のライヴに松井（五郎）君がよく来てくれて――次利と仲良いからね――、俺、「彼は眠れない」の詞が好きなんだって話をしたばっかりだけど、このメンバーを見たらすごいのは当たり前だよね。俺、NOBODYの曲のレコーディングがけっこう多いんだけど、あのふたりはよくスタジオに来るから、このレコーディングのときも「おー、また!?」みたい感じだったし、清志郎は当然だけど、「静かなまぼろし」でユーミンまで来てたからね。あと香ちゃんも、サエキ（けんぞう）も来てたし、（大沢）誉志幸は絶対来るし、鶴久（政治）君も来てた。まぁみんなジュリーのファンなんだよ。それは気合い入るよね。

――吉田建さんのアレンジは譜面なんですか？

建は、すごくしっかりした譜面があって、まずベーシックのイメージは必ず言われるよ。で、建のベースのパターンを聴いて細かいところを詰めていく感じ。このアルバムだって、実際まずはクリックで建とふたりで録ったみたいなもんだからね。

（当時の）東芝ＥＭＩの〝studio TERRA〟って、倉庫の中にあるスタジオだったけど、建はそこが多かった。東芝って言ったら溜池のスタジオが有名だけど全体的に音が柔らかいのよ。でも「TERRA」はカンカンの音を作りやすくて、〝サカゲン〟って呼ばれてた坂元（達也）っていうエンジニアがこういう系統の音作りではトップで、建は必ずサカゲンだった。例えば「噂のモニター」のときは、俺、シンバルをいっさい使いたくなかったから、ハイハットとキックとスネアだけで、ガラス張りのブースに入って録ったんだけど、サカゲンはそういうときに抜群の響きを作るんだよなぁ。

――このアルバムを聴くと、やはり印象に残るのはスネアの音色なんです。スネアの音色が1曲1曲違うどころではなく、スネアの音色の違いがそのまま曲の世界観の違いになっていますよね。

ホントにそう。ビートものの曲は、ほぼスネアの音色で〝曲全体の色〟が統一されてるよね。スネアの音色ってものすごい威力だなって、あらためて思った。このアルバムはほとんど、スネアはコパーの（深さ）５インチなんだけど、俺が叩くと、スネアの点が普通のポップスやってるヤツよりほんの少しだけ遅いし、建のベースだってことも含めて、ひとつトータルで〝俺の世界〟になるんだよね。このアルバムも、氷室[註5]（京介）の1作目ともサウンドがかなりダブったなぁ。当然、同じ時期のレコーディングだってこともあるけど、ある意味、ビートものは俺の世界が出来ちゃうんだな。

――スネアがコパーの5インチに対して、セットは何だったんですか？

まったく覚えてないんだけど、このレコーディングは、タムは重要じゃなかったから、別録りしたり、シングル・ヘッドを使ったり、曲の中でも前に1個あればいいくらいの曲が多かったよね。

――『吠えるバラッド』よりも、さらにハイハットとキックとスネアを核としたビートにフォーカスしているような印象があります。

ＬＯＳＥＲはどっちかって言うと、ウッドストックの頃を知ってる、ちょっとイギリス系も好きみたいなバンドマンが演ってるって感じがするけど、こっちはもっとイギリス寄りだよね。ただ、建はイギリス系って言ったって、アメリカのルーツ・ミュージックも詳しいから、今でもその匂いがする曲はオールドのプレシジョンを使うし、あとはスペクターで、この2本しか見たことがない。向こうのエンジニアとか憲司も言ってたけど、ストラトのオールドの良いやつと、レス・ポールの良いやつと、良い（ＥＳ-）３３５があったら特にレコーディング・ワークは全部できるって。やっぱり俺たちは〝楽器の音色〟を知ってる世代なんだよ。

――「KI・MA・GU・RE」では、沢田さんと清志郎さんの高め合い方が素晴らしいですね。

久しぶりにヘッドフォンでゆっくり聴いたら、もう清志郎と沢田さんの丁々発止がすごいよね。もうニヤけながら聴いてたよ（笑）。俺、歌入れのときにはいなかったけど、たぶん同時に歌ってると思うよ、あえて。まぁさすが清志郎だよね、笑うよなぁ〜「ケーアイエム〜エ〜」だって（笑）。

――ポンタさんも負けじと、珍しくハイハットをフルオープンで刻んでいますね。

そうならざるを得ないんだよ（笑）。

――そして「堕天使の羽音」、本当になんという色気でしょうか。個人的には、陽水さん作曲の「背中まで45分」などと同様に、沢田研二さんにしか歌えない歌という印象があります。

俺もこの曲はすごく好きなんだ。打ち上げのときに、たまに沢田さんに「君をのせて」を耳元で歌ってもらうんだけど――「ギャラの一環で」って言って（笑）――、そういうときのニュアンスだよね。ホントにこれは沢田さんしか歌えない。で、これを1テイクで歌っちゃうんだからなぁ〜。

この曲、スネアはわざと3インチ半を使ってるんだけど、俺がまたいい〝位置〟にいるのよ。音色だけじゃなくて、こういうドラムのプレイ自体、なかなかないよ。普通に素通りもできるビートだけど深いんだなぁ。組み合わせがよく出来てる。

——ちなみにこの曲の女性ヴォーカルはどなたですか？

これはカンガルー（渡辺美里）でもないし、（桑名）晴子でもないし、（坪倉）唯子じゃないかと思う。「（おどる）ポンポコリン」にいく前の。唯子はムチャクチャ歌うまいからね。

——こういうメロウな曲でも3インチ半なんですね。

ピッチは高いけど、いわゆるカンカンなイメージでは使ってないんだよね。逆にカンカンのイメージのままやったのは「君がいる窓」だね。建と「ポリスみたいな感じでやろう」って言って録ったのを覚えてる。

——ベースの推進力がまさに吉田建さんというイメージの「むくわれない水曜日」ですが、ポンタさんはエレドラを使っていますよね。

けっこうダビングで使ってるんだよね。隠し味でもけっこう使ってるし。このアルバムのエレドラは全部ローランドで、まだ試作品だったと思うな。

――ジャングルビートの「DOWN」でも使ってますね。

うん。この曲も斬新なんだよなぁ。生でジャングルビートをやりながら、隠し味のエレドラをダビングしてるんだ。このアルバム、音色も含めていろんなリズムの組み合わせにチャレンジしてるよね。

あと、聴いてて思ったのは、「DAYS」って曲で、このAメロ、こんな分数コードの中でよく歌えたなっていうくらい、ずっとベースが分母コードを弾いてるんだよね。インストではよくあるけど、こっち（歌もの）の世界でここまでの分数コードって、かなりチャレンジだったと思うな。ミディアムのバラードチックな曲でイギリス・ポップみたいな感じもするけど、分数コードを使うのが早かったロキシー・ミュージックみたいなニュアンスがあるよね。

――ポンタさんは、このあと90年代に入ってもPONTA BOXと並行しながら、〞JAZZ MASTER〟として沢田さんのバック・バンドで活動しますよね。

建はけっこう早く離れちゃったけど、俺は結局8年半やったからね。俺はツアーとレコーディングだけの契約で、年に1枚必ずアルバムを作ってたけど、『彼は眠れない』は、これがなんでもっとメジャーで評価されないんだろうっていうのが不思議だった……まぁ日本では往々にしてあるけど。ヘタな言い方したら高尚すぎて取っつきにくいのかな？　歌手でも、TAN TANなんかもそうだけど「あの人うまいから」って、むしろ避けようとしちゃうとか、本当に日本人にありがちで、そのへんが海外と決定的に違うところだよね。ただ、前にも言ったけど、このアルバムは、作り終えて生涯初めて「こんなにいいアルバムに呼んでくれてありがとう」って思わず建に電話してしまったくらい、俺の中でもものすごく大切な作品だよ。

註1／「付き合いが古いど」
　仲井戸麗市と加奈崎芳太郎のデュオ"古井戸"が、71年の泉谷しげるのアルバム『泉谷しげる登場』ではバック・バンドを務めており、両者はかなり古い付き合い。お察しのとおりここは「付き合いが古いど（古井戸）」の駄洒落が絶妙。

註2／リモートの13インチ・ハイハット
　ハイハットは通常左手側にセットし、右利き奏者は腕をクロスするようにして右手で叩くことがほとんどだが、"リモート・ハイハット・スタンド"の登場で、右手側にセットしたハイハットを左足のペダルで開閉操作できるようになった。

註3／「Zepp DiverCityでやった」
　2013年4月28日、Zepp DiverCity Tokyoで行われた『泉谷しげるwith LOSER 25周年記念LIVE「吠えるバラッド」』公演。

註4／『イカ天』
　89年から90年いっぱいまで放送されていた伝説のバンド・オーディション番組『三宅裕司のいかすバンド天国』。吉田建と共にポンタは審査員を6回だけ務めたが、強烈なダメ出しによるインパクトからか、レギュラー審査員だったと勘違いされることが多いそう。

註5／氷室（京介）の1作目
　1988年の『フラワーズ・フォー・アルジャーノン』。詳細は242ページ参照。

あとがき

ポンタさんのライヴに足を運ぶと、MCで前著『俺が叩いた。ポンタ、70年代を語る』について「取材時間を考えれば全20巻のシリーズになるかと思ったら、これ1冊だけ」だと紹介してくださるのが通例なのだが（笑）、この続編の制作にあたっても、ポンタさんには、多忙の中、取材のたびに、事前にかなりの数の音源や資料に耳と目を通していただき、実際、取材や確認の回数もかなりの数に上った。前著発売後、しばらくの間、僕の顔を見るたび、笑いながら「もうやらないよ」とおっしゃっていたのだが、あるときポンタさんの方から「続編」という言葉が出たのを、僕は聞き逃さなかった。その一点から続編への扉をこじ開けていった。

今回、14ページに85年当時の超多忙スケジュールを紹介したが、レコーディングやリハ、ライヴがあるその日だけが活動日ではないということは、少しでも音楽活動をした人であればわかるだろう。当然〝予習〟が必要だ。そしてポンタさんは、その予習の鬼でもある。僕が送る資料なんて、日々送られてくるライヴ用、レコーディング用、リハ用資料に比べれば、何十分の一に過ぎないだろう。しかも届いた譜面は、音源と照らし合わせながら自分用に必ず書き直しているというのだから、本書取材のための予習は、寝る間を惜しんでやっていただいたに違いない……と、〝寿限無ツアー〟でホテルに帰らずにセッション三昧、翌昼に荷物を駅まで持ってきてもらう毎日を送っていた猛者にする心配ではないが、そのバイタリティに感服しない日はない。

毎回の取材の最後には、次回の取材日時を決めるのだが、そこで見せていただくスケジュール表は、どの月もビッシリだ。それは85年当時も今も変わらない。14ページに写るあのマンスリーのスケジュール表に手書きでフィルインしていくやり方も、ずっと変わっていない。その表に僕は『続編』取材用のスケジュールをこじ開け、〝村田〟の二文字を書き込んでもらう……昨年6月から始まったそんなルーティンが『続編』完成とともになくなるかと思うと一抹の寂しさはありつつ、その間の喫茶店話がまた多くの方の手に届く喜びを、あらためてポンタさんと共に噛みしめたい。ポンタさん、ご多忙の中、いつもありがとうございます！　で、続々編はいつ頃にしましょうか（笑）？

今回は「まえがき」にも書いた僕の逡巡により制作が出遅れ、最後の締めくくりがドタバタになってしまい、ポンタさんをはじめ、リットーミュージック担当編集の藤井徹先輩やデザイナーの阿部修さんには慌ただしくチェックや入稿・校正作業をしていただくことになってしまった。この場を借りて多大なるご協力に感謝いたします。その他、表紙ならびに口絵で貴重な写真を多数使わせていただいたカメラマンの菊地英二さん、そして、いつも本を管理してくれているアシスタントの大倉啓悟君にも感謝を申し上げたい。最後に、星となってあの笑顔で喫茶店話を見守ってくれていたに違いないカメラマンの松村秀雄さんに、本書を捧げたいと思います。

村田誠二

続・俺が叩いた。
ポンタ、80年代名盤を語る

著者◉村上“ポンタ”秀一

2018年2月23日　第1版1刷 発行
定価（本体2,000円＋税）
ISBN978-4-8456-3206-0

取材・文◉村田誠二

本文デザイン・DTP　阿部 修＋G-Co.
カバー写真　菊地英二

発行所　株式会社リットーミュージック
〒101-0051　東京都千代田区神田神保町一丁目105番地
ホームページ　https://www.rittor-music.co.jp/

発行人　古森 優
編集人　國崎 晋
編集長　野口広之
編集担当　藤井 徹（ギター・マガジン書籍編集部）

印刷・製本　共同印刷株式会社、有限会社 村山プロセス

【乱丁・落丁などのお問い合わせ】
TEL：03-6837-5017　FAX：03-6837-5023
service@rittor-music.co.jp
受付時間：10：00 ～ 12：00、13：00 ～ 17：30
（土日、祝祭日、年末年始の休業日を除く）

【書店様・販売会社様からのご注文受付】
リットーミュージック受注センター
TEL：048-424-2293　FAX：048-424-2299

【本書の内容に関するお問い合わせ先】
info@rittor-music.co.jp
本書の内容に関するご質問は、Eメールのみでお受けしています。お送りいただくメールの件名に『続・俺が叩いた。』と記載してお送りください。ご質問の内容によりましては、しばらく時間をいただくことがございます。なお、電話やFAX、郵便でのご質問、本書記載内容の範囲を超えるご質問につきましてはお答えできませんので、あらかじめご了承ください。

※乱丁・落丁本はお取り替えいたします。
本書記事／写真／図版などの無断転載・複製は固くお断りします。

© 2018 Rittor Music, Inc.
Printed in Japan